CARTAS A TOMÁS SEGOVIA
(1957-1985)

T E Z O N T L E

OCTAVIO PAZ

Cartas a Tomás Segovia (1957-1985)

FONDO DE CULTURA ECONÓMICA

Primera edición, 2008

Paz Octavio
Cartas a Tomás Segovia (1957-1985) / Octavio Paz. — México : FCE, 2008
200 p. ; 23 × 15 cm — (Colec. Tezontle)
ISBN 978-968-16-8575-1 (empastada)
978-968-16-8576-8 (rústica)

1. Literatura Mexicana — Siglo XX I. Segovia, Tomás — Correspondencia II. Ser. III. t.

LC PQ7297 Dewey M866 545c

Distribución mundial

Comentarios y sugerencias: editorial@fondodeculturaeconomica.com
www.fondodeculturaeconomica.com
Tel. (55)5227-4672 Fax (55)5227-4694

Empresa certificada ISO 9001: 2000

Diseño de portada: Laura Esponda Aguilar

ISBN 978-968-16-8575-1 (empastada)
ISBN 978-968-16-8576-8 (rústica)

Impreso en México • *Printed in Mexico*

Índice

Nota editorial

Se recogen en este volumen 55 cartas escritas por Octavio Paz a Tomás Segovia entre 1957 y 1985. Son testimonio de una afinidad intelectual sustentada en "la feliz posibilidad de hablar con alguien [...] en un lenguaje común y sin intérpretes". Esta conversación se mantuvo en el terreno epistolar durante más de diez años ("¿Cuándo podremos hablar? En realidad tú y yo nunca hemos conversado"), desde que Segovia enviara a Paz su reseña de *El arco y la lira,* publicada en la *Revista Mexicana de Literatura* a fines de 1956, hasta que los corresponsales pudieron estrecharse nuevamente la mano en el verano de 1967, cuando Octavio Paz viajó a México para ingresar en El Colegio Nacional; sin embargo, se saludaron entonces dos amigos que ya habían discutido a fondo un amplio temario que abarca la poesía y la poética, el significado y la vigencia del surrealismo, el lugar de las letras y el pensamiento hispanoamericanos en el mundo, la cortedad del medio literario mexicano y la necesidad y las posibilidades de poner en marcha ese "sistema de circulación espiritual" que es una literatura viva, de abrir espacios para el despliegue de la imaginación crítica.

La correspondencia, al principio esporádica, cobra regularidad, y con ella intensidad y profundidad, en los años que Octavio Paz vivió en la India como Embajador de México. Es durante una estancia de Paz en París, en junio de 1964, cuando ocurren sendas manifestaciones del "azar objetivo" que lo llevan a reencontrarse con Marie José Tramini, que desde entonces lo acompañará y a quien desposará a comienzos de 1966. Y también con Tomás Segovia, a quien de inmediato recupera como interlocutor. Un país, la India, que es "la extrañeza total", un yo que estalla en un radiante nosotros y un corresponsal con el que de inmediato se establece una plena empatía explican quizá la emotividad, la pasión y la brillantez que desbordan estas cartas, escritas de primera intención y en su mayoría de puño y letra, donde se ve a la mano tratando de alcanzar al pensamiento con atropellada caligrafía.

Además de sumarse a las páginas de extraordinaria prosa de Octavio Paz, en estas cartas el lector hallará, entre muchísimas otras, referencias a la génesis de poemas, ensayos y libros de Paz (*Piedra de Sol, Cuadrivio, Blanco, Claude Lévi-Strauss o el nuevo festín de Esopo, Corriente alterna, Puertas al campo, Los signos en rotación, Discos visuales, Apariencia desnuda*) y de Segovia (*Anagnórisis*), a los distintos proyectos de fundar una revista que tendrían que esperar hasta *Plural*, a las vicisitudes y la acogida crítica de la antología preparada por Paz, Alí Chumacero, José Emilio Pacheco y Homero Aridjis, *Poesía en movimiento*, y a la relación de Paz con André Breton y Benjamin Péret.

Separadas por largos periodos de tiempo, las seis cartas posteriores a la última enviada desde Nueva Delhi, el 29 de agosto de 1968, constituyen una suerte de epílogo. En más de una ocasión, Paz ya ha advertido las limitaciones de la relación epistolar: "El diálogo, cuando se sostiene a cierto nivel, es lo más frágil que existe: el menor descuido, la falta de atención más mínima, lo interrumpe" (octubre de 1965); "... no sé si te das cuenta de la ferocidad de tu egoísmo. Tus cartas son más y más un monólogo. No te lo reprocho. Incluso me conmueve que yo sea el muro que oye —un muro que a veces responde con un gruñido" (enero de 1968); "Al releer mi traducción del 'Soneto en *ix*' y de mi comentario, antes de enviárselos a Ramón Xirau, me di cuenta de que ese texto era un reflejo o consecuencia indirecta del diálogo (mejor dicho: doble monólogo) que nos ha entretenido por unos meses y que tú, por cansancio y/o *sagesse* no has continuado" (mayo de 1968). La cercanía espiritual construida en los años de la India, sin embargo, no se perderá nunca.

La publicación de estas cartas ha sido posible gracias a la iniciativa de Marie José Paz, que nunca olvidó la existencia de este tesoro epistolar, y a la generosidad de Tomás Segovia, que lo custodió y lo puso a disposición del Fondo de Cultura Económica a solicitud de Marie José Paz. Poniendo al alcance de sus lectores estas páginas henchidas de vida, el Fondo conmemora el décimo aniversario luctuoso del Nobel mexicano. El Fondo agradece la dedicación personal de Marie José Paz al cuidado editorial de esta publicación, sin la cual habría sido imposible entregarla limpia y puntualmente a las prensas. Siguiendo el precedente establecido en la edición de *Memorias y palabras. Cartas a Pere Gimferrer, 1966-1997* (Seix Barral, 1998), se han omitido por razones obvias, sin señalarlo, algunas breves menciones. Por último se ha puesto en cursivas los subrayados del propio Paz.

CARTAS A TOMÁS SEGOVIA
(1957-1985)

1º de marzo de 1957

Querido Tomás Segovia:

Leí su artículo sobre *El arco y la lira*. Excelente. Siempre pensé que nuestras "divergencias" no eran —no podían ser— muy profundas. Creo que estamos de acuerdo, en lo esencial. Sí, "la poesía no es como una piedra sino *como una mirada*". Ha dicho usted muy bien lo que yo quise decir, lo que algunos queremos decir. Esa —y no la poesía "pura" ni la "social"— es la única poesía. Habría mucho que hablar sobre el surrealismo —aunque en esto también presiento que estamos de acuerdo. Pero no se trata de señalar, un poco notarialmente, los puntos de acuerdo y de discrepancia, sino la feliz posibilidad de hablar con alguien (con usted) en un lenguaje común y sin intérpretes.

Además, escribe usted muy bien —con un amor justo por las palabras. Suelto, directo, libre: desde el idioma; ni frente, ni contra, ni sobre. Desde y en nuestra lengua. Prosa viva, eficaz y ligada a su poesía. La otra cara de su poesía.

Le envío un abrazo (mientras tengo la posibilidad de estrecharle la mano y conversar con usted).

Afectuosamente,

Octavio Paz

Espero regresar hacia el 20 de marzo.

París, 9 de julio de 1959

Señor Tomás Segovia,
Dirección de Publicaciones,
Universidad Nacional Autónoma de México,
México, D. F.

Querido Tomás:

Como habíamos quedado, le envío una primera colaboración para la *Revista Mexicana de Literatura.* Se trata de un ensayo sobre Rimbaud, de un joven escritor francés, de origen griego, Kostas Axelos, de quien creo haberle hablado alguna vez. Axelos colabora en muchas revistas francesas y dirige, con Morin y Mascolo, una pequeña revista de crítica, *Arguments,* que me parece, en su género, la más viva de París. Por otra parte, he leído en *Excélsior* algunos de sus artículos sobre la poesía y el público. Me parecen excelentes. *Arguments* consagrará su número de enero a "La situación de la poesía en el mundo moderno". Se me ocurre que usted podría enviarnos esos artículos, quizá modificándolos un poco para darles la forma de un ensayo de 10 a 15 páginas. Quizá también Xirau,* si se le ocurre algo sobre el tema, podría enviarnos un ensayo.

*¿Quiere usted hablar con él sobre esto?

Más adelante le enviaré otras colaboraciones menos filosóficas y, sin duda, algún texto mío.

Le ruego que salude a todos los amigos y para usted un abrazo cordial de

Octavio Paz

París, 27 de mayo de 1960

Señor Tomás Segovia,
Puebla 147-H,
México 7, D. F., México

Querido Tomás:

Respondo a su carta del 16 de este mes. Con mucho gusto le enviaré algunos poemas para la *Revista Mexicana de Literatura.* Le confieso que no creo que hayan llegado ustedes a darle verdadero carácter. No han encontrado aún el "acento". Pero, no lo dudo, lo lograrán. Para México es fundamental la existencia de una *verdadera* revista.*

Leeré con gusto sus poemas. Ya sabe usted que le creo poeta y de la mejor calidad: poeta lúcido, soñador de sueños claros y reales.

El alojamiento de su hermano Rafael está asegurado. Pero es necesario que sin tardanza envíe al Ingeniero de la Lama, Director del Pabellón, los formularios que éste le remitió hace días.

Un cordial saludo,

Octavio Paz

* En estos días le envío algunos poemas para la revista. Me interesan mucho los poetas jóvenes. Ya había leído cosas de Isabel Fraire, que me impresionaron, en una revista de Monterrey. ¿Y Padilla?

París, 24 de noviembre de 1960

Señor Tomás Segovia
Puebla 147-H,
México 7, D. F., México

Querido amigo:

Su hermano (que, por cierto, es muy inteligente: ¿se trata de una enfermedad de familia?) me entregó su carta y los dos números de la revista. Muchas gracias.

El número dedicado a los poetas argentinos me gusta muchísimo menos que el dedicado a los mexicanos (que era excelente). Tengo la certidumbre de que el autor de la antología escribe con los pies, con ese lenguaje pseudo marxista, de periodista que ha hojeado libros de sociología, no entiende nada. Tengo una amiga argentina, poeta de gran talento, que había preparado, hace tiempo, a petición mía, una pequeña antología de poesía argentina. Incluye sólo a cinco poetas. Si a usted le interesa, le enviaremos el manuscrito. No es justo que los lectores de la *Revista Mexicana de Literatura* se queden con la mala impresión del número 10.

Le envío, con esta carta, unos poemas para la revista.

Espero con verdadero interés su libro de poemas. Lo saluda con afecto,

Octavio Paz

P. D. Su hermano me dice que tiene usted muchas dificultades de orden material. Dígame, con toda franqueza, si puedo serle útil en algo. Por ejemplo, escribir a algún amigo, etc. Vale.

París, 14 de diciembre de 1960

Señor Tomás Segovia,
Puebla 147-H,
México 7, D. F., México

Querido amigo:

Gracias por su carta del 3 de diciembre. Me da siempre gusto tener noticias de usted.

Ya recibí el libro. Lo leo, con sentimientos encontrados. Me gusta y no me gusta. Es extraño: su prosa conquista inmediatamente mi adhesión, pero sus poemas me producen reacciones contradictorias. En su prosa reconozco al poeta de mi tiempo y de mi lengua; a veces me sorprende ver que es usted (y no yo: ese *yo* que somos todos nosotros) el que habla (sensación a un tiempo angustiosa y deliciosa, que resume la frase: "como si me quitaran las palabras de la boca"). Inclusive cuando usted provoca mi desacuerdo, siento que, en el fondo, es igual: vivimos en el mismo mundo espiritual. Con sus poemas no me ocurre nada semejante: me parecen escritos en otro tiempo (¿en cuál?), en otro mundo. Adivino, entreveo bellezas, relámpagos de evidencias. Siento que algo profundo y serio (y apasionado) se despliega frente a mí. Algo que no acierto a asir del todo. Entre la poesía y yo se interpone una bruma, un viento de formas indecisas y que no acaba de resolverse en palabra. ("Resuelta en polvo ya, más siempre hermosa...": esos versos de Lope, quizá demasiado rotundos, serían lo contrario de lo que experimento ante su poesía.) ¿Demasiado subjetiva, demasiado cerca, aún, del impresionismo de Juan Ramón Jiménez, demasiado íntima? ¿O le falta lugar, espacio, tierra? Habla usted (y hermosamente) de *encarnación*. Tal vez eso es lo que echo de menos: carne, materia, tierra, escultura. La vista y el tacto, la figura. Demasiado espíritu. Y usted responderá (con razón y sin ella): nunca es demasiado. Entonces... entonces usted tiene razón y yo la tengo y la tenemos todos (lo que equivale a decir que nadie la tiene). Entonces, sólo queda en pie una certeza: usted es poeta. De eso no me cabe la menor duda. Y la prueba mejor me la dan los sentimientos contradictorios que sus poemas me producen y las preguntas que me hago ante ellos.

Le envío los poemas argentinos de que le hablaba en mi carta anterior. Se trata de cuatro poetas. Son muy jóvenes pero me parece que tiene interés lo que hacen. Sobre todo Alejandra Pizarnik y Roberto Juarroz. Este último publica en Buenos Aires una pequeña revista de poesía, que agrupa a los jóvenes más solitarios e intrépidos. ¿Podrían ustedes publicar a esos cuatro poetas en el número próximo?

¿En qué forma cree usted que yo podría ayudar a la revista? Quizá podría escribir a Relaciones, sugiriendo que se les compre un determinado número de ejemplares para nuestras Embajadas. Hay el antecedente de que ya la secretaría ayudaba a la *RML*, en la época en que la dirigía Carlos Fuentes. Puedo enviarle unas líneas a José Gorostiza y otras a Leopoldo Zea... Pero si a usted se le ocurre alguna otra cosa, dígamelo, por favor. (Como ayuda personal, podría enviarles 10 dólares cada dos meses. Pero eso no es bastante...)

Le repito que me daría mucho gusto intentar algo para ayudarle a salir de la difícil situación en que se encuentra. Lo peor es que a casi todo el mundo le pasa lo mismo: o nos falta dinero o nos falta tiempo. Es un círculo sin salida, por lo visto.

Un abrazo afectuoso,

Octavio Paz

P. D. Espero con interés su comentario sobre "Agua y viento". Interés = inquietud, amistad y perplejidad.

París, 30 de agosto de 1961

Señor Tomás Segovia,
Puebla 147-H,
México 7, D. F., México

Querido amigo:

Dos palabras solamente. En septiembre y octubre pasará por México Jean Duvignaud, joven escritor francés, del que quizá tenga usted noticias.* Desea conocer a los escritores y poetas jóvenes de México y, en general, el país. He pensado que usted podría ser uno de sus guías. Se lo recomiendo mucho.

Lo saluda afectuosamente,

Octavio Paz

**NRF*, *Arguments*, etcétera.

París, 28 de junio de 1964

Querido Tomás:

¿Tenemos otros sentidos, nos comunicamos de una manera que ni siquiera sospecha nuestra razón? Tal vez cada hombre es un centro sensible que emite y recibe ondas que no sé si llamar afectivas o espirituales. En todo caso, las llamadas "coincidencias" (yo preferiría decir: *signos*) son una prueba de la existencia de las afinidades electivas. (Porque no me cabe duda de que en esto también interviene la "elección".) Te digo todo esto porque en los dos últimos meses el "azar objetivo" se me ha revelado como la forma suprema —casi la única que de verdad valga la pena— de la "comunicación". La primera manifestación pertenece al orden amoroso y algún día te la contaré. La segunda ha sido contigo. Hace muchos meses —cuando acababas de llegar a Montevideo, me imagino— Juan García Ponce me escribió y, al darme la noticia de tu salida, me sugería que te pusiese unas líneas y me daba la dirección. Perdí esa carta. Tiempo después escribí a García Ponce, pidiéndole tus señas. No me contestó. Olvidé el asunto (también yo vagaba por los páramos de mis pequeños infiernos, aburridos, privados e irremediables). A fines de marzo, cuando preparaba mi viaje europeo (ando de vacaciones y regreso a Delhi en agosto), sentí la necesidad de escribirte. Como no podía hacerlo, pues no sabía siquiera si todavía estabas en Montevideo, encontré la manera de citarte a la mitad de un largo artículo que esos días escribí (sobre Cernuda). Salí de Delhi el 8 y llegué a París el 12. El 15, mientras veía el escaparate de una librería, se me acercó un señor con barbas, que miraba también los libros: era Ramón Gaya. Pasamos la tarde juntos y, naturalmente, hablamos de ti. Le pedí tu dirección. Por casualidad, llevaba en su cartapacio una carta tuya. Apunté tu dirección y me prometí escribirte al día siguiente. El 16 por la mañana, al pedirle al *concierge* papel y un sobre, me entregó una carta (reexpedida de Delhi): la tuya. La leí como si fuese una contestación a mis "mensajes" de hacía días.

Adivinaba la atmósfera de Montevideo. Supongo que Buenos Aires será, más o menos, lo mismo. Mi experiencia india ha sido, en este sentido, mejor. (Quiero decir: más radical.) Es la extrañeza total. No la hostilidad (eso es español y mexicano) ni tampoco la indiferencia (a la sajona) sino... no sé cómo decirlo. La coexistencia —la promiscuidad, el sentirte rodeado de una vegetación humana que no te conoce y a la que no conocerás nunca. Por fortuna (yo también), descubrí la belleza. Como tú (como todos) más en la naturaleza que en las piedras, más en las piedras que en los hombres. Descubrí las noches. Sus árboles, el ruido del aire y algo que nunca había *oído* realmente, el son sagrado, el son pánico: los animales que chillan, aúllan o mugen en la noche. También (y eso ha sido una verdadera revelación, pues antes no la conocía) descubrí a la música. A la india y a la occidental. He leído (poco), escrito (poquísimo) y he recorrido el continente. Ceilán, Cambodia, Pakistán, Afganistán, Nepal y gran parte de la India. En esto he sido afortunado. Pero no hay que envidiarme demasiado: he pasado muchos meses en Delhi, rodeado de gente más necia, presuntuosa e ignorante del planeta. (Pienso en los indios pero asimismo en los extranjeros.)

Y ahora este baño de Europa (más exactamente de Francia) me ha desconcertado. No sé si podría vivir mucho tiempo en París. Me asusta la dispersión del espíritu y la prostitución del alma. Todo lo que dijo Baudelaire de París es verdad. Y sin embargo, ¿podría vivir en otra ciudad? Nuestras tierras o son fofas como Uruguay o Argentina o espinosas como España y México. Los sudamericanos me empalagan, y mis compatriotas y los españoles me horrorizan. En suma, sí, lo confieso, soy un afrancesado. Como Salvador Monsalud y como tú lo eres. Y aquí corto. Acaban de llegar unos amigos. Hoy en la noche (son las 6 de la tarde), al regresar a mi cuarto haré mi *Examen de minuit* y pensaré en ti... Escríbeme a Delhi. Enviaré los poemas. Ya sabes que te admiro (lo digo *en serio*).

Un abrazo,

Octavio

Perdona esta manera brusca de interrumpir una carta. Una vez más citaré a nuestro poeta: *Ah!, ne jamais sortir des Nombres et des Êtres!*

Nueva Delhi, 6 de noviembre de 1964

Señor Tomás Segovia,
ALALC, Victoria Plaza Hotel,
Montevideo, Uruguay

Querido Tomás:

Acabo de recibir tu última carta fechada el 14 de octubre. ¡Tardó cerca de un mes! No había contestado a tus cartas anteriores porque quería hacerlo con calma y esperaba el momento propicio. Tus poemas me gustaron muchísimo, aunque la palabra *gustar* no es la más a propósito. Hubiera querido comentarlos con calma y hablar por separado de cada uno de ellos. La palabra que más les conviene es hermosura, en el sentido físico de la palabra pero también en otro, que no sé si llamar espiritual. Hay algunas líneas inolvidables como esa "luz del día que es un pan de verdad". Tal vez, aquí y allá, la inteligencia discursiva no llega a fundirse con la inteligencia sensible. Asimismo, en algunos casos yo hubiera suprimido ciertas frases explicativas. A veces surge esa tendencia muy española, en ti por fortuna no excesiva, a *subrayar* (algo que en Unamuno es verdadera manía). Pero nada de esto, sobre lo que habría que hablar más despacio, empaña mi deslumbramiento. Dije deslumbramiento, no ceguera, porque la hermosura a que aludí antes no es tanto la de la presencia como la de la herida dichosa que deja la presencia. Tal vez por eso el poema que me conquista más totalmente y que me parece perfecto es el que empieza con el verso: *De una mirada huyo que me huye...* ¿Cuándo podremos hablar? En realidad tú y yo nunca hemos conversado.

No se qué decirte respecto a tus problemas. Adivino que atraviesas por lo que se llama una "crisis" pero ignoro su origen y su naturaleza real. Con mucho gusto te ayudaré en lo que pueda. Aunque no tengo amigos en Ginebra podríamos utilizar al Delegado Permanente de México, Antonio Gómez Robledo. De todos modos, antes de iniciar cualquier gestión, quiero que me digas de una manera más concreta qué es lo que debo pedir. En la UNESCO propiamente dicha tampoco tengo amigos, lo que no es grave pues, por fortuna, allí contamos enteramente con el Delegado Permanente de México, José Luis Martínez. Es uno de mis mejores amigos y es la bondad misma. Él nos puede ayudar decisivamente. Le escribiré apenas tú me digas a qué puesto aspiras y en qué sección o departamento.

Un abrazo,

Octavio

Nueva Delhi, 27 de diciembre de 1964
Embajada de México

Querido Tomás:

Sólo unas cuantas líneas para contestar a tu carta. (Mañana emprendo un viaje por mis "dominios" y no regresaré sino hasta el 2 de enero.) Todo lo que me cuentas —el suicidio de Pina, el otro crimen— y lo que me das a entender me produjo verdadera turbación. No comentaré nada de eso aunque me pregunto si tu estado de ánimo no te lleva a ver las cosas con vidrio de aumento. ¿No fue siempre así México?

Acabo de escribir a José Luis. Le he escrito en términos casi imperiosos: como si se tratara de una misión moral. No dejes de decirme qué es lo que a ti él te contesta. Yo estoy seguro de que ayudará en lo que pueda.

En cierto modo es una lástima que no desees continuar en México. Comprendo que la atmósfera te oprima y que quieras alejarte. Al mismo tiempo, creo que tu influencia sería benéfica para mucha gente más joven, como García Ponce... Me hizo pensar lo que me dices acerca de la prosperidad como "problema moral" de nuestra época. Nunca se me había ocurrido ver así la cuestión. Desde ese punto de vista, toda la perspectiva cambia y resulta más explicable. Tal vez tienes razón.

Un abrazo y hasta mi próxima, que será, espero, menos lacónica,

Octavio

Nueva Delhi, 6 de enero de 1965
Embajada de México

Señor Tomás Segovia,
ALALC, Victoria Plaza Hotel,
Montevideo, Uruguay

Querido Tomás:

Te escribo a las volandas, en vísperas de partir a Ceilán, a donde "me reclaman los deberes de mi oficio" (y unas estupas budistas). Acabo de saber que José Luis Martínez deja la UNESCO. Esto malogra o, por lo menos, aplaza tu asunto. Tengo entendido que José Luis llegará a México en el curso de enero. Te sugiero que lo veas. Él podrá orientarte, tanto sobre las posibilidades de obtener algo en la UNESCO como sobre la persona que lo sucederá. Es casi inútil decirte que, por mi parte, yo volveré a la carga con el nuevo representante de México ante la UNESCO, apenas sepa quién es.

Perdona el tono y el "tempo" de estas líneas. Escríbeme y dame noticias de tus proyectos.

Un abrazo de tu amigo,

Octavio

Closenburg, Galle, 29 de enero de 1965

Querido Tomás:

Ayer recibí tu carta. No es extraño: México-Delhi-Colombo-Galle... Pasamos una temporada en Closenburg, un pueblo cercano a Galle, que a su vez es un pequeño puerto en la costa sur de Ceilán. Fue famoso en la época de la dominación de los portugueses y, después, de los holandeses. Todavía subsiste un fuerte, construido por estos últimos sobre unos peñascos, frente al mar. Enormes muros negruzcos, una torre rojiza, una plaza, una iglesia blanca —hoy convertida en mezquita. Todos los días, por un sendero que atraviesa la jungla, bajamos a una diminuta ensenada —la misma, según parece, que tocaban los barcos portugueses en busca de agua. Toda esta parte del país está salpicada de recuerdos y vestigios portugueses. Abundan en Ceilán los Días (con s), los San Fernando, Furtado, Fonseca, Perera. La casa donde vivimos pertenece a un magnate nativo que se llama Abeywardena Perera... No te describiré el paisaje: cocoteros, palmeras, papayos, mangos, toda suerte de trepadoras, cuervos, iguanas, gaviotas, el azul fijo e instantáneo del martín pescador, *water-lizards*, camaleones, mosquitos, mariposas y muchos árboles, flores, pájaros y bichos cuyo nombre ignoro. La bahía es perfecta y redonda como un sermón de Buda. La arena es dorada y la transparencia del mar —con arrecifes de coral— es digna de Melville y su *Mardi*. O mejor: de Góngora o Camoens. El año pasado estuve en Goa y, como Darío ante el Mediterráneo, yo sentí, frente al Océano Índico, mi antigüedad. Entre todas estas maravillas, prodigios e incoherencias —monjes budistas de manto azafrán y paraguas negro, templos y *stupas* encalados, lindos y cursis como una iglesia de pueblo mexicano; *matches* de cricket, deporte que, con el sistema parlamentario, es la gran herencia británica aquí y en la India; *curries* de camarón que harían palidecer al mole más tricolor, etc. Dos cosas nos han asombrado sobre todo: el inmenso árbol del pan, que yo creía mítico, y el árbol del *jack*, no menos inmenso y mítico, que da unos frutos verdinegros y que evocan, simultáneamente, gigantes con órganos femeninos y masculinos. Nada más natural que la época de los descubrimientos haya coincidido con el renacer de las utopías. Sin árbol del pan no hay ciudad del sol. El hombre natural sólo es imaginable si hay también un alimento natural... Es curioso: las dos versiones modernas del paraíso, la de Rousseau y la de Marx, coinciden con su pretensión de abolir el trabajo. Uno predica el regreso al mundo natural (nada más fácil, si basta con alargar la mano para arrancar del árbol el coco, el *jack* o el fruto de pan); el otro asegura que la técnica sustituirá a la naturaleza (será productiva, como ella, pero menos irracional sólo producirá cosas útiles y evitará todo despilfarro: las máquinas nos darán un eterno verano). De ambas maneras se suprime a uno de los protagonistas de la historia, sea al hombre, reabsorbido por la naturaleza, sea a la naturaleza humanizada por la técnica. El diálogo entre el hombre y el mundo se convierte en un monólogo. Ese diálogo se llama trabajo pero asimismo se llama religión, magia, arte, filosofía, política, etc. Ninguno de los dos profetas tomó en cuenta al *otro* elemento, la naturaleza o ser del hombre, que es el origen y la substancia y tema del diálogo. Con mejor sentido, los árabes creen que Adán y Eva se refugiaron en Ceilán *después* de la expulsión del paraíso... Y mientras escribía esta la última frase, un ejército de mosquitos y la infame pluma fuente que compré en Galle y que me ha manchado todos los dedos, me obligaron a suspender esta carta. Perdí así la última media hora de crepúsculo pero se fortificó mi crítica de los paraísos naturales y artificiales.

Tu carta me ha hecho pensar mucho. Te entiendo y no te entiendo. Es decir, comprendo tu estado de ánimo pero ignoro la situación real, objetiva, que lo origina. ¿El sentimiento de culpa nace de algo concreto o su raíz es psicológica (por decirlo así) y anterior a todo hecho? Me dices que vives solo pero que no eres un hombre solo y que cualquier gente o acto tuyo puede provocar graves e incomprensibles consecuencias. Te confieso que apenas si veo claro. En todo caso, como amigo, a mí sólo me toca creerte y, hasta donde yo pueda, ayudarte a resolver los problemas externos, materiales. Si deseas salir de México, yo veo tres vías: ese empleo, remoto pero no imposible, de la UNESCO o cualquier otro organismo internacional; un empleo en el Servicio Exterior Mexicano, así sea modesto; una universidad yanqui o una beca de alguna institución de ese país. Para lo primero, necesito saber qué te ha dicho José Luis, quién va a ser su substituto, etc., y para lo segundo, si a ti te parece, yo podría escribir a Gallástegui y al mismo Carrillo Flores; como tengo entendido que sólo se puede ser diplomático si se es mexicano por nacimiento, tal vez podría conseguirse que te nombrasen canciller o algo así, adscrito a los servicios culturales de nuestra Embajada en París; creo que vale la pena explorar esa posibilidad y si tú me lo indicas yo escribiré a Gallástegui (es el Oficial Mayor) y al propio Carrillo Flores, que es hombre de verdad inteligente. Finalmente por lo que toca a los gringos: quizá Xirau te podría orientar y una vez decidido el camino, yo podría escribir a Harrison, el de la Rockefeller, persona excelente. Por otra parte, si deseas permanecer en México, yo "movería" a los amigos, ya sea en Educación (Yáñez y José Luis), Relaciones o la Universidad (aunque en esta última tú tienes tantos amigos como yo). En suma, dime qué te parece mi plan y hacia dónde y quién debo dirigir mis esfuerzos y gestiones...

En otra ocasión comentaré tus reflexiones sobre el progreso y la moral. Mi experiencia de Oriente puede reducirse a lo siguiente: estamos condenados a la modernidad o progreso. No hay otra vía *histórica*... Y ahora confidencia por confidencia: al principio de esta carta hablé en plural. En efecto, somos dos. Ella se llama Marie José y un día la conocerás. Sobre esto podría escribirte páginas. No lo haré. Pero la exaltación que tal vez adviertas en la primera parte de mi carta no se debe tanto a Ceilán y a sus maravillas como a este acontecimiento íntimo.

Un abrazo,

Octavio

Temo que no depositaré a la carta sino hasta la semana que viene. Tengo verdadera desconfianza por los servicios de correo de estos países. En Colombo, adonde regresaré dentro de tres días, podré enviar esta carta.

Saludos de tu amigo.

Nueva Delhi, 6 de abril de 1965
Embajada de México

Señor Tomás Segovia,
c/o Pilar Mecer Metcalf,
14, rue Alfred Durand-Claye,
París 14ª, Francia

Querido Tomás:

Veo que ya quemaste las naves. Tu prisa me alarma un poco. Hubiera sido mejor realizar en México las gestiones. De todos modos, he escrito a Pepe Gallástegui, Oficial Mayor de Relaciones. Mi idea es lograr que te den una chamba de Canciller y que te comisionen con el Consejero Cultural. Por cierto, no sé si sea todavía el mismo (Lic. Arturo García Formentí). En todo caso, *es mejor que por lo pronto nadie en la Embajada sepa que estamos haciendo las gestiones.*

Me da mucha pena que los editores hayan rechazado tus libros. Es la eterna historia. Tal vez yo podría conseguir que se publique alguno o algunos en Argentina y en España. ¿Quieres decirme qué libros tienes listos? A mi juicio valdría la pena proponer dos: uno de poesía y otro de ensayos.

Es verdad: no contesté a tu última carta. El tono de ella me obligaba a darle una respuesta meditada —y en esos momentos no tenía espíritu para ello. Además, nunca pensé que dieses el salto tan pronto. ¿Qué más decirte?

Buena suerte y un abrazo,

Octavio

P. D. Salúdame mucho a Pilar y a su marido. Envío copia de esta carta a tu dirección de México. En caso de que no hubieses salido aún, sería bueno que tratases de ver a Gallástegui.

Nueva Delhi, 21 de abril de 1965

Señor Tomás Segovia,
Poste Restante,
París, Francia

Querido Tomás:

Dos líneas: he escrito a Barral, José Luis Cano y Murena proponiendo tus libros. Veremos qué responden. *Si me autorizas*, puedo renovar la gestión con Díez-Canedo y García Terrés.

Espero respuesta del Oficial Mayor, Lic. Gallástegui. Puedes confiarte absolutamente a Max Aub: es persona muy generosa y puede ayudarte efectivamente.

Te daré algunos nombres de amigos que podrían serte útiles: Germán Arciniegas, Director de *Cuadernos* y al Director de *Preuves*. Me alegra que Mascolo te haya acogido bien.

Quizá te interesará conocer a algunos otros amigos míos. Te recomiendo mucho a los siguientes: Carmen Figueroa (5 Quai Aux Fleurs. Teléfono: Odeo 9304); Yves Bonnefoy (63 rue Lepic); Pierre Schneider (10, rue Alasseur. Teléfono: Segur 3487), y Kostas Papaioannou (5 rue Mathurin Régnier. Teléfono: Fon. 0846). Diles que vas de mi parte. Estoy seguro de que te agradarán mucho. Y aquí corto: tengo demasiadas cosas que hacer. Pero tú, con más ocio, escríbeme.

Un abrazo,

Octavio

Nueva Delhi, 12 de mayo de 1965

Señor Tomás Segovia,
Poste Restante,
París, Francia

Querido Tomás:

Contesto rápidamente a tu carta del 29 de abril. Aún no he recibido respuesta del Oficial Mayor. Esperaré una semana más y, si su silencio se prolongase, le escribiré de nuevo. Pienso asimismo ponerle unas líneas a Carrillo Flores pero no quiero hacerlo hasta conocer la reacción de Gallástegui.

Sería excelente que Max Aub te orientase en tus gestiones con el Embajador, de quien es muy amigo. Es indispensable que tú lo veas, de preferencia acompañado por Max Aub. Al efecto, te envío con esta carta una de presentación para él. Por ella verás que es mejor pedirle su apoyo antes de hacer la gestión en firme con Relaciones. A mi juicio no debes hablar con Muñoz Ledo ni con nadie hasta no haberlo hecho con el Dr. Morones Prieto. Sin embargo, no estaría de más que tú y Max consultasen el caso con Jacqueline. Es muy amiga mía y persona de toda confianza.

Ya tengo las primeras respuestas a mis cartas. Camilo José Cela me dice que sus hermanos acaban de fundar las ediciones Alfaguara y que él personalmente podría someter tus libros de ensayos a su consideración. Asimismo, desea publicar una selección de tus poemas en *Papeles*. Esto último quiere decir, me imagino, que publicaría seis o siete poemas tuyos en la revista, con la separata de costumbre. Creo que deberías enviarle a Cela lo que pide. José Luis Cano también me escribe para decirme que le parece difícil por el momento encontrar un editor para tus poemas pero que quizá podría lograr que se publique un libro de ensayos. Sugiere que le escribas. La dirección de Cela es: José Villalonga 87, Palma de Mallorca, España. La dirección de José Luis Cano es Av. de los Toreros 51, Madrid 2, España.

Cano prepara un número de *Ínsula* dedicado a la literatura mexicana. El número debería haber aparecido en marzo de este año pero nadie o casi nadie le ha enviado originales. La aparición de *Diálogos* impidió a Xirau, que era su corresponsal en México, ocuparse más del asunto. Se me ocurre que tú podrías ayudar a Cano.

Ya te escribiré dentro de unos días, apenas tenga noticias de Relaciones y de los otros editores.

Saluda a Max Aub y para ti un abrazo,

Octavio Paz

P. D. Me escribe Aldo Pellegrini —un poeta argentino surrealista (ortodoxo, diría). Prepara una antología de la poesía hispanoamericana de "vanguardia" —unos cuantos nombres: no más de 10 o 12— para Seix-Barral. Me pide que le sugiera algunos poetas mexicanos —pregunta que me deja un poco perplejo pues ¿qué quiere decir "vanguardia", en México, y quiénes serían de esa tendencia? Pensé que, tal vez, Montes de Oca (y no tanto), Aridjis, ¿Sabines? (no: es más bien "expresionista" —pero di su nombre)— ... y tú (en ciertos poemas, como aquellos que publicaste en la *Revista Mexicana de Literatura* en el número sobre el erotismo. Si te parece, mándame unos cuantos poemas —en esa "tónica"—, no más de diez páginas, para que yo se los remita a Pellegrini. Por supuesto, no sé si te interese la idea.

Saludos.

Nueva Delhi, 18 de mayo de 1965
Embajada de México

Señor Tomás Segovia,
Poste Restante,
París, Francia

Querido Tomás:

Te envío la carta que me pides para el Director del Pabellón de México. Eres un poco aturdido: deberías haberme dado el nombre completo de ese señor.

También he escrito a Jacqueline para que te ayude.

Afectuosamente,

Octavio

Nueva Delhi, 25 de mayo de 1965
Embajada de México

Querido Tomás:

También yo te escribo en volandas: la exposición mexicana (que se inaugura el 2 de junio en Calcuta), el calor excesivo, el trabajo diario, las cosas que pretendo escribir (y no escribo o escribo mal), etc. ... Ante todo, un resumen de nuestras gestiones:

He vuelto a escribir a Gallástegui, ya en tono un poco más enérgico. Una vez que conozca la reacción de Morones Prieto —espero tus noticias sobre esto— escribiré directamente a Carrillo Flores. Tengo (casi) la certidumbre de que conseguiremos lo que pedimos. Después de todo es apenas una migaja: menos de lo debido.

Murena me contestó: por lo pronto *Sur* no puede publicar tus libros. En cambio, me pide que te invite a colaborar en la revista. No sería malo que les enviases algo, prosa o verso. Murena me sugiere a Benito Milla, un uruguayo que es también editor. Yo lo conozco y no me sería difícil proponerle tu libro pero antes quisiera conocer tu opinión. Te confieso que nunca he visto los libros que edita Milla —es natural: hace años que vivo en el extranjero— de modo que no sé si se trate de una editorial decorosa. ¿Tú sabes algo? En todo caso, no escribiré a Milla hasta no saber qué es lo que tú piensas.

Cano me ha vuelto a escribir, para pedirme que te reitere su invitación a colaborar en *Ínsula.* Deberías enviarle algún texto, lo mismo que a Cela. Te recuerdo que ambos podrían influir para la publicación de un libro en prosa.

Jaime García Terrés ha sido nombrado Embajador de Grecia. Tal vez su sucesor sea un amigo que podría interesarse en la publicación del libro de poemas. Por cierto, ¿has pensado en ERA? ¿Y en la editorial de la Universidad de Veracruz?

Me doy cuenta de que todo esto resulta un poco humillante —no para ti sino para todos nosotros. No me atrevería a aconsejarte paciencia —virtud que se ha vuelto burocrática— sino una suerte de perseverancia altanera. Cernuda dijo que el poeta arrojaba "versos hermosos al desdén de los hombres". No me gusta la manera en que lo dice pero me gusta la idea...

Recibí dos números ya viejos de la *Revista Mexicana de Literatura.* En uno de ellos, un texto tuyo sobre el silencio. Me impresionó muchísimo, tanto que se lo di a Marie José, para que lo leyese: supongo que es un fragmento de algo más extenso. Quisiera comentarlo largamente pero no será posible, al menos por ahora. Tocas algo en verdad cardinal y más vasto que el amor, la amistad o el erotismo —aunque el centro de tu reflexión sea el amor, es decir, la desnudez total y sin intermediarios. El erotismo es fragmentario: no *vemos* al alma, ni siquiera a su cuerpo completo sino a sus fragmentos (un seno, una pierna, unos ojos). Y sin embargo, el erotismo (o como quiera llamársele al contacto carnal, a condición de saber que el cuerpo es algo más que cuerpo) es una experiencia de la totalidad. Diría: la totalidad por la vía del desgarramiento, la totalidad a través de un fragmento. Pero la totalidad erótica es ciega. La de la amistad es visible y luminosa. Sólo que necesita una mediación: la cultura, las ideas, una fe compartida, una duda común, un estilo, una afición o manera de ser. En el amor hay lucidez sin mediación, desnudez y no, como tú dices, "desnudeces..." No sigo. Tu texto me ha hecho pensar mucho y de la mejor manera: me ha obligado a pensar en mí mismo, en mi vida pasada y presente, en esa temible oscuridad del silencio que, al negar al otro, nos niega a nosotros mismos. Aquel refrán: "el que calla, otorga" debería cambiarse por este: "el que calla, reniega".

Ayer recibí tu libro de poemas. He leído algunos, los del final. También leí los que acompañaban a tu última carta. Si no fuese un adjetivo demasiado hispánico (o hispanoamericano) diría que son oceánicos —o cósmicos. Son exasperados, más que desesperados. A veces el surtidor me marea —no surtidor: es mar, oleaje— pero apenas la imagen empieza a parecernos excesiva, en sus variaciones y repeticiones, aparece otro elemento, el elemento reflexivo —la mirada luminosa e interrogante—, la lucidez poética y entonces el poema, que hasta entonces sólo era un chorro natural, adquiere densidad y fatalidad. Una verdad que pocos poetas modernos han expresado. El último poema, "Huérfano Orfeo", y el primero, "Del natural", tal vez sean los que más me gustan. Pero soy injusto: son un todo y hay que aceptarlos como un todo. "Al vuelo": el último verso no me parece el verdadero fin —yo buscaría otro (¿será por la palabra "ángel" o por la ironía implícita en el "fingir que eres un ángel"?) "Dime mujer", "Llamada" y "Besos" (en éste hay algo de Breton —¡no importa y no lo toques!— y el último verso es admirable y memorable: envidio ese farol de papel que se enciende y quema, flota locamente en la noche) me gustan en su totalidad. "Música": Tengo mis dudas sobre ese "dolor blanquísimo..." "A solas": quizá sea el más "importante" —el más revelador y el más lúcido— con "Huérfano Orfeo", pero, de nuevo, no me gusta el último verso y, en cambio, me estremecen los inmediatamente anteriores... Te escribo de prisa y no te digo lo que pienso y siento sino que trazo sobre el papel unos signos de entusiasmo y, creo, de entendimiento. Lo mejor de ti, en esos poemas, es haber logrado la máxima espontaneidad (no la falsa espontaneidad de la mayoría de los textos surrealistas) con un máximo de reflexión, la imagen insólita y la palabra fatal. En suma: poesía y conciencia de la poesía, conciencia de la *gravedad* de lo que se dice.

Tienes razón: el libro de Madame Céa es insuficiente. Lo escribió con buena fe, entusiasmo y simpatía. Yo no quisiera ser ingrato pero creo que fui demasiado débil.* Se empeñó en verme como a otro poeta hispanoamericano —otro Neruda, otro Alberti, García Lorca o Vallejo, quiero decir—, en verme no como fueron realmente esos poetas sino con la idea que tienen de ellos los europeos y los gringos. El estudio de Claire Céa, sin embargo, no es inferior a los que han publicado en esa colección escritores famosos, como el de Sollers sobre Ponge. Lo que me tiene triste y furioso son las erratas, las malas traducciones y, sobre todo, que se hayan "comido" una página entera de *Entrada en materia* (por cierto: muy bien traducido por Marie José). Otro motivo de cólera y vergüenza: lo de Santo Domingo. El General De Gaulle protesta y su delegado en las Naciones Unidas nos defiende. Nosotros callamos, y nuestra complicidad desciende hasta la degradación. Querido Tomás: ¿no crees que todos nosotros, hablo de los que piensan y escriben en español, tenemos un deber: dar la cara, puesto que nuestros gobernantes y generales prefieren mostrar las nalgas? Perdóname la grosería pero no encuentro otra palabra para designar la actitud de la mayoría de los gobiernos hispanoamericanos. Siempre soñé con una revista que uniese a unos cuantos escritores de lengua española y que

*Al permitirle que publicase su estudio.

fuese un ejemplo para mucha gente —un ejemplo de lealtad y fidelidad. Tú lo has dicho: ver con la cara levantada, afrontar al otro. Eso es lo que nos hace falta, lo mismo en la política que en la amistad y el amor. Y aquí me detengo. Marie José me llama. Tenemos un jardín y muchos pájaros. Fundaremos, como tú dices, la verdad...

Un abrazo,

Octavio

Te envío esta carta a la Embajada: y más seguro, al cuidado de Jacqueline. No olvides buscar a Bonnefoy, Kostas, Carmen Figueroa... Saluda a Mascolo de mi parte. Y a Nadeau... Para los Nieto: saludos míos y de Marie José... y otro abrazo para Coronel.

P. D. Una objeción grave: el título del libro. No me gusta.

Nueva Delhi, 15 de junio de 1965

Señor Tomás Segovia,
Cité Universitaire,
Maison du Mexique,
París 14ª, Francia

Querido amigo:

Contesto a tus dos últimas cartas. Este no es una carta sino un telegrama. Gallástegui no me ha contestado. En consecuencia, escribí directamente a Carrillo Flores. Es lo que debería haber hecho desde el principio. Confío en que tendremos éxito. Me alegra que Muñoz Ledo muestre buena disposición... En todo caso, hay que ganarse al embajador y a Weckmann.

Saluda mucho a Mascolo de mi parte. Dile que me debe una carta. Gallimard tiene desde hace un año una antología de *Libertad bajo palabra.* En principio debe aparecer este año. No sabes cómo deseo que se publique ese libro, para quitarme el mal sabor de boca que me dejó el de Seghers. Saluda también de mi parte a Maurice Nadeau y pregúntale si le interesaría publicar algo mío. Por cierto, me he enterado que también *Les Lettres Nouvelles* está amenazada de muerte. Por lo visto, la prosperidad se refleja negativamente en el campo de la literatura (y en el del espíritu): ayer el *Mercure* y hoy *Les Lettres Nouvelles.*

Otro día comentaré todo lo que me cuentas. Salgo mañana para Afganistán. Escribo ensayos furiosamente y todos, sin que yo me lo proponga, terminan en reflexiones histórico-políticas. Es natural: soy un subdesarrollado, como tú dices. Saludos a Jacqueline (que no me ha contestado).

Un abrazo,

Octavio

P. D. Yo también sigo pensando en la gran revista. ¡Si pudiéramos hacerla, tú y yo!

Regresaremos a Delhi el 24 de julio.

Kabul, 14 de julio de 1965

Querido Tomás:

Recibí ayer tu carta, reexpedida de Delhi. La contesto de prisa. Siempre pensé que había sido un error dejar México sin haber arreglado previamente algo. Tú conoces a nuestros paisanos: la presencia personal, la gestión directa, es decisiva. Todo habría resultado más fácil si tú hubieras visto personalmente a Gallástegui. Pero no he perdido del todo las esperanzas. A mi juicio deberías hacer lo imposible por resistir un mes o dos más. Según te dije en una de mis últimas cartas, un poco antes de salir de Delhi, ante el silencio de Gallástegui, escribí una larga carta —dos hojas, a renglón seguido— a Carrillo Flores. Una hoja entera estaba dedicada a tu caso. Conozco a Carrillo Flores y sé que, ante todo, es un hombre cortés y que tiene la costumbre de responder. En consecuencia, *hay que esperar*. Yo creo que tendré su respuesta dentro de unos quince días. Así pues, te sugiero que hagas lo que puedas por quedarte en París al menos por un mes (agosto). No te será difícil. Piensa que, a diferencia de los otros, Carrillo Flores se interesa de verdad en la literatura.

Sobre las otras gestiones (Universidad, (¿Prieur?), etcétera) nada puedo decirte. En principio, hay que continuarlas pero lo importante es lograr algo por el lado de Relaciones.

No me extraña el silencio de argentinos, españoles y mexicanos. A veces pienso que no tenemos remedio. Hay días en que la sola palabra España (o México, Perú, Chile, etc.) me deprime. No sé si tú sepas que por estas tierras, en los primeros años del siglo XV, pasó Clavijo, embajador del rey de España ante Tamerlán. A su regreso escribió un "informe" de lo que había visto (su descripción de Constantinopla, por ejemplo, es la última que tenemos antes de la caída ante los turcos). En el siglo XVII, si no recuerdo mal, se publicó en Madrid el manuscrito de Clavijo. Después, nada. Yo leí el libro, hace dos años, en traducción inglesa. Hemos perdido algo —no sé qué, el alma, el temple, el amor, el respeto por el otro y por las obras ajenas, el sentido del pasado, el del presente y el del futuro— y nos hemos convertido en micos. Por eso admiro a Francia (y en primer término a De Gaulle): resisten, no se traicionan, resucitan. Hasta los italianos —un pueblo que se había convertido en un museo pintoresco desde el siglo XVIII— tienen hoy un lugar en el mundo. A nosotros nadie nos respeta porque nosotros no nos respetamos a nosotros mismos. En una época creí que la envidia era nuestro pecado. Hoy temo que sea algo más grave: nuestro servilismo ante los poderosos (sobre todo si son extranjeros) y nuestro desprecio por los nuestros revela que no tenemos ninguna estimación por nosotros mismos. Aquello de amar a su prójimo como a uno mismo implica apego al propio ser: nosotros no amamos a los otros —los tememos o los despreciamos— porque tampoco nos amamos a nosotros mismos. La envidia no es el origen sino un derivado de nuestro nihilismo. Un nihilismo nada filosófico y sin grandeza: el odio del débil contra su debilidad. La teoría del "subdesarrollo" no explica nada —se reduce a enumerar, en forma estadística, ciertas circunstancias comunes de los países atrasados. Pero hay subdesarrollados y subdesarrollados: un afgano no es lo mismo que un hindú o un egipcio. Hay la religión —clave, para mí, de las actitudes psíquicas de los pueblos—, el estilo histórico, la tradición preservada o traicionada y, en fin, lo que se llama *civilización*. Nosotros somos occidentales pero lo somos de una manera ambigua y derivada —la cola de Occidente, su traspatio y su cesto de la basura. Pero no te abrumo con estas divagaciones. Frente a mí hay un paisaje espléndido: un valle de una dulzura que vuelven aún más tiernas las montañas inmensas y severas —color de piedra ocre y negra. Esta gente es pobrísima y primitiva —viven en el siglo XV— pero no han perdido la dignidad, como los indios y los singaleses. Hay razas, estirpes humanas y la relación entre el hombre y el paisaje es más misteriosa y significativa de lo que comúnmente se piensa. En esto el positivismo —de Taine a Marx— resulta de nuevo insuficiente. Por ejemplo, a lo largo de más de dos mil años, viajeros griegos, chinos, afganos, mongoles, árabes, italianos, franceses e ingleses dicen, más o menos, las mismas cosas sobre el pueblo indio. Y sin embargo, los griegos visitaron el país en la época del Imperio Maurya (siglo II a.C.), los chinos entre el VI y el VIII, Marco Polo e Ibn Batuta mucho más tarde, Babul (nieto de Tamerlán y descendiente de Gengis Khan por su madre) en el XVI, los portugueses, franceses e ingleses en la era moderna. El nivel de vida era distinto en cada periodo y lo mismo ocurría en el "nivel" de la civilización (si eso puede medirse), pero ciertos rasgos del carácter indio permanecen idénticos hasta nuestros días. (Entre paréntesis, un carácter que me irrita y desespera. No, mis amores son otros: chinos y afganos, la sociedad política y la sociedad nómada, el mandarín y el jinete.) ¿Nos recobraremos un día como pueblos o seremos ya siempre ese tropel abigarrado y chillón de perros, micos, papagayos, cerdos, ovejas y cocodrilos en que nos hemos convertido? Todo depende, tal vez, de encontrar el *punto de inserción* en el mundo moderno. Japón y China —en situaciones más difíciles que las nuestras— lo han logrado. Ese punto de inserción puede llamarse revolución —no necesaria ni fatalmente comunista—, renovación por medio de la acción de minorías inteligentes y heroicas, cambios económicos y sociales, etc. Pero nada de eso es suficiente si no hay una *conversión* general. Y esa conversión sólo será fecunda si implica la reconquista de nuestra identidad... Mientras tanto, queda el heroísmo individual, en el sentido que daba Juan Ramón Jiménez a la palabra *héroe*.

La idea de la gran revista me seduce y me aterra. Demasiados obstáculos, materiales y personales. ¿Dónde y cómo encontrar el dinero? El dinero sin ataduras ni compromisos. Y, en mi caso, algo íntimo: regresar a México, por ahora, significa enfrentarse a realidades que prefiero ignorar. Sin embargo, estaría dispuesto a desafiar vientos y mareas si viese alguna posibilidad *real* de realizar ese proyecto. A ti, que conoces mejor la situación actual del país, ¿se te ocurre algo y *alguien*?

En estos días saldrá, en edición ilustrada, *Piedra de Sol* —acompañada de otro poema reciente. El editor, Claude Givaudan, me pidió un texto crítico sobre ese poema. Él quería algo de un francés pero sugerí que te lo pidiese a ti. (Recuerdo tu nota en la *RML*). ¿Abuso de tu amistad? No lo creo. En todo caso, Givaudan te pagaría algo. Es una persona excelente y sin duda te buscará uno de estos días.

Te envío un cheque. Considéralo como un préstamo. Tú me lo pagarás cuando se arregle todo. Marie José —a quien le han gustado mucho tus poemas— me pide que te salude de su parte. Un abrazo,

Octavio

Kabul, 27 de julio de 1965

Querido Tomás:

Aprovecho mis últimos días de relativo ocio —salimos el 31 hacia Delhi— para contestarte con un poco de calma. Me alegra que, así sea en forma mínima y provisional, tus asuntos se hayan enderezado un poco. Por mi parte, yo espero la respuesta de Carrillo Flores. Me extraña muchísimo que no me haya contestado. Pero no he perdido del todo las esperanzas. De todas maneras, si ese silencio se prolonga, le escribiré a mi regreso a Delhi. Ya te pondré al corriente de todo. En cuanto a las posibilidades de publicar tu libro de poemas: tal vez dentro de poco podré darte mejores noticias. Por lo pronto, espera y perdona el tono misterioso de este párrafo.

Es curioso —no, no lo es tanto—, tus sueños de "Maquiavelo ocioso" coinciden con los míos. Sin abandonar la zona del sueño te diré ahora cuáles son mis ideas, mejor dicho: mi idea de la revista.

Es casi superfluo tratar de definir de antemano su carácter. Esa revista, si llega a existir, será más o menos lo que somos nosotros. No es ilegítimo, sin embargo, imaginar algunos de sus rasgos. En primer término, una diferencia con las del pasado (*Revista de Occidente, Sur, Contemporáneos, Cruz y Raya,* etc.): antes lo urgente era "poner al día a la gente" y de ahí que en esas publicaciones fuesen numerosos los colaboradores extranjeros y predominante el interés por lo que ocurría en París, Londres o Berlín (había que dar a conocer a Heidegger, Breton, Joyce o Malraux); ahora, sin descuidar ese sano cosmopolitismo —al fin y al cabo la literatura de Occidente es una—, lo urgente es comunicarnos entre nosotros. Yo creo en la existencia, presente y futura, de la literatura de lengua española. Creo en sus obras, las escritas y las que se escribirán. Pero las obras no constituyen por sí solas una literatura. Una literatura viva es un sistema de circulación espiritual, un flujo y reflujo de influencias —una sensibilidad y una crítica. No tanto un público —consumidor pasivo— como una respuesta. Lo malo no es que los lectores hispanoamericanos sean pocos —aunque eso sea lamentable— sino que sean pasivos. Nuestra crítica es, simultáneamente, indulgente y poco generosa. Aceptar todo es rechazar todo. Las raíces de esta pasividad, como las de nuestra envidia, son insondables y prefiero no descender a ese subsuelo tenebroso. Además de la inercia, la dispersión. Hasta 1936, bien o mal (más mal que bien), Madrid fue el centro de la literatura hispánica. Consagró a Darío (aunque olvidó a Lugones), celebró a Neruda (pero desdeñó a Vallejo y a Villaurrutia). Después de la guerra mundial, ninguna ciudad ha sustituido a Madrid. Los argentinos son demasiado cosmopolitas y, para colmo, han sufrido regímenes abyectos e ineficaces. México ha pecado por el extremo contrario: un exceso de nacionalismo. Madrid ha vuelto a ser, espiritualmente, lo que fue antes de Felipe II: un gran villorrio, una capital de provincia. Barcelona es catalana. Y las otras capitales no cuentan. Así, cuando digo que lo urgente es comunicarnos entre nosotros, quiero decir: poner en *circulación* las obras de los autores contemporáneos de nuestro idioma. A condición, naturalmente, de entender la palabra circulación de una manera un poco particular —por una parte, canal de comunicación y, por la otra, sistema de compresas y de filtros. Abierta para todo lo que sea vivo y nuevo, venga de donde viniere, y cerrada, difícil, enemiga de todo eclecticismo, compromiso y componenda. Generosidad y rigor. Es casi imposible definir en qué consiste ese rigor generoso. El *gusto* interviene en esto de una manera decisiva pero yo creo que tus gustos y los míos son semejantes —y, además, válidos. Otra diferencia con la actitud de nuestros predecesores: al considerar a la literatura de lengua española como un todo aceptamos implícitamente que nuestros pueblos son también un todo. En este sentido, frente al cosmopolitismo y nacionalismo (dos reacciones provincianas) la revista podría parecer una vuelta al "hispanismo" (palabra absurda) de Darío, Unamuno y aun Vasconcelos. No, porque nuestra actitud sería crítica y no se fundaría tanto en una visión del pasado como del presente. Aquí entra lo del "desarrollo" y "subdesarrollo" —tema que roza la historia y la política: la revista debería esforzarse por realizar un examen, desde diversos puntos de vista, de la realidad hispanoamericana. Por supuesto, habría que evitar dos escollos: la actualidad politiquera y la elocuencia. Revista de literatura ante todo y sobre todo. Y esto me lleva a lo que tú llamas "el material humano". Tengo mis dudas. Por una parte, la mayor parte de los nuevos escritores *redactan* (no digo: escriben) muy mal. Casi todos son incapaces de escribir una nota crítica con dignidad. Por la otra, una revista debe ser obra de un grupo muy reducido. Las notas y comentarios han de ser escritos por nosotros y dos o tres personas más, con gustos y tendencias afines a los nuestros. En cambio, las colaboraciones —cuentos, ensayos, poemas, teatro, etc.— deben venir de los cuatro puntos cardinales. Pero sobre todo esto podemos hablar más adelante.

El dinero: en principio tienes razón. A mi juicio —¡limosneros con garrote!— deberíamos imponer dos condiciones antes de aceptar cualquier ayuda: total independencia artística e intelectual (sin excluir nuestro derecho a juzgar los actos de nuestros "benefactores") y compromiso firme de que la subvención durará no menos de tres o cuatro años. De otro modo no valdría la pena intentar la aventura. Dicho esto, creo que en principio yo podría comenzar desde ahora a explorar las posibilidades de ayuda, tanto por el lado yanqui como por el mexicano. Te confieso que preferiría que el subsidio fuese únicamente mexicano pero temo que sea imposible. Ahora bien, antes de iniciar esta gestión de sondeo, es necesario ponernos de acuerdo sobre ciertas cosas. En primer término, sobre la suma que hay que pedir. ¿Puedes contestarme a las siguientes preguntas?

1. Costo (impresión y papel) de una revista de unas 128 páginas. Tiro: ¿cinco mil ejemplares? Impresión y papel: decentes. *2.* Colaboraciones: poemas (en principio en cada número deberían publicar dos poetas, y su contribución consistiría en un poema largo o una serie de poemas cortos, cada uno); dos ensayos; dos cuentos (o fragmentos de novela, teatro o relatos); tres comentarios de extensión media, a la manera de las "crónicas" de la *NRF*, sobre la actualidad literaria, artística —pintura, teatro, cine, etc.— y política (en el sentido amplio de la palabra); seis notas (crítica de libros). Es indispensable pagar bien a los colaboradores, especialmente a los autores de comentarios y notas. *3.* Sueldo mensual de la persona (uno de nosotros dos) que se encargue de las tareas de Jefe de Redacción. *4.* Sueldo de una secretaria. *5.* Gastos de oficina: un pequeño local, teléfono, papel, correos, etc. *6.* Gasto inicial para la adquisición de mobiliario y útiles de trabajo.

Omito todo lo relativo a administración, distribución y publicidad porque creo que si la cosa va en serio, no nos sería difícil obtener que una editorial —tal vez Joaquín Díez-Canedo— se encargue de toda esta parte, tan engorrosa y complicada.

Una vez que yo tenga una idea más clara de los gastos y compromisos que implicaría la publicación de la revista, te daré mi opinión definitiva e iniciaría, si me inclino por emprender esta aventura, las gestiones de *sondeo*. El proyecto me entusiasma y estaría dispuesto, si efectivamente es viable, a afrontar muchas cosas por realizarlo.

Se me ha ido el tiempo y el papel sin haberte dicho mi opinión sobre tus reflexiones acerca del "desarrollo" y el "subdesarrollo". En principio estoy de acuerdo contigo; al mismo tiempo, veo las cosas desde otro ángulo. Mi punto de vista es histórico, por decirlo así, más que moral o estético. En realidad, se trata de una variante del viejo problema que ha desvelado a todos los historiadores: ¿por qué, cómo nacen los imperios y civilizaciones, cuáles son las causas de su decadencia? La mayoría de los pueblos "subdesarrollados" o atrasados no son bárbaros ni primitivos, con la excepción de algunas poblaciones africanas o del Pacífico; al contrario, todas esas naciones —sin excluir a España, Portugal y sus antiguas colonias americanas— crearon grandes civilizaciones. Así, el tema del "desarrollo" no sólo es económico y social sino, fundamentalmente, histórico... Por cierto, en ninguna de tus cartas advierto el menor interés por el mundo en que vivo, quiero decir, por la realidad asiática. Me gustaría saber si tu falta de curiosidad por el Oriente es natural en ti —o sea: porque nunca se te ha ocurrido pensar en el tema— o es el resultado de una convicción intelectual... Aquí termino. He escrito dos poemas, uno largo y otro pequeño. Marie José te envía muchos saludos.

Un abrazo,

Octavio

Nueva Delhi, 25 de agosto de 1965

Señor Tomás Segovia,
Pabellón de México,
Cité Universitaire,
París, Francia

Querido Tomás:

Imposible, por el momento, contestar a tu carta. Es lástima porque provocó en mí muchas respuestas. Ya será para otra vez.

Por lo pronto quiero darte una noticia: Arnaldo Orfila me dice que está dispuesto a publicar tu libro de poemas. Se extraña de que tú no se lo hayas propuesto. Así pues, te sugiero que le escribas diciéndole que tú no se lo habías ofrecido directamente por... (aquí la razón que se te ocurra) pero que ahora lo haces, después de haber recibido la carta en que *yo te digo que el Fondo de Cultura está de acuerdo en publicar tu libro*. Te confieso que a mí me ha dado muchísimo gusto la respuesta de Orfila.

No dejes de enviarme los datos que te pedí acerca de la soñada revista.

No he tenido respuesta de Carrillo Flores. Lo peor es que en este momento no puedo recordarle tu asunto por razones largas de explicar. Así, tendré que esperar por lo menos otros 15 o 20 días para volver a la carga. ¿Resistirás?

¿Sabes que Villoro es el nuevo director de la *Revista de la Universidad?* A mí me parece muy bien.

Un abrazo,

Octavio

Recibí ya los *Cuadernos de Bellas Artes.* La revista —hablo de la presentación— es magnífica. El contenido: muy desigual y a veces *cómico* —cómico en serio, involuntario. Tu poema: espléndido... Habría que enviar a varios de nuestros poetas y novelistas jóvenes a una escuela —para que aprendan gramática y sintaxis— y luego a la calle para que *oigan* cómo se habla.

Nueva Delhi, 6 de septiembre de 1965

Señor Tomás Segovia,
Hôtel du Grand Turenne,
6, rue de Turenne,
París 4ª, Francia

Querido Tomás:

Hace tres días recibí tu carta y el texto sobre *Piedra de Sol*. Eres muy generoso conmigo. *Ver* la obra ajena, particularmente si es de un contemporáneo, exige un acercamiento que es también un desprendimiento; al acercarnos al otro, nos alejamos de nosotros mismos: se trata no tanto de hacer nuestra la obra como de que ella, así sea por un instante, nos haga suyos. Gracias de todo corazón por esa nota que es, ante todo, un acto de amistad.

Muchos encontrarán exagerado tu juicio sobre *Piedra de Sol*. Por mi parte, te confieso que no sé qué quiere decir "una obra maestra". Lo que me emociona, en cambio, es que hayas visto que yo me propuse hacer una *obra* —algo equidistante del desahogo y del ejercicio. Una de las mayores alegrías que he tenido en los últimos tiempos es que tú, en quien veo a uno de los mejores poetas de nuestra lengua en estos momentos (y, por eso mismo, a uno de nuestros críticos más lúcidos), lo hayas reconocido y lo hayas dicho.

La palabra "obra" —y la idea que evoca: premeditación— me lleva a otro tema, para mí central: la relación de mi poema con el surrealismo. Tú dices que *Piedra de Sol* es un "poema de vuelta" y aclaras que esta "vuelta" no debe confundirse con "retroceso". ¿Vuelta de qué y a qué? A muchas cosas, sin duda. Una de ellas (capital para mí): el surrealismo. En efecto, escribí ese poema *después* de mi contacto en París con André Breton, Benjamin Péret y otros amigos. Este contacto, nacido de una coincidencia apasionada en ciertos puntos esenciales no sólo del arte sino de la vida, me afectó profundamente y cambió mi manera de ver lo que llaman la escritura poética. A esos años pertenecen *Trabajos del poeta, ¿Águila o sol?, Arenas movedizas,* y muchos poemas de *Semillas para un himno* (sin contar textos "automáticos").* Así, *Piedra de Sol* está *después* de mis experiencias de escritura surrealista; al mismo tiempo, no deja *atrás* el surrealismo; su visión reaparece *adelante*: es el horizonte que se despliega constantemente ante el poema. En suma, *Piedra de Sol* es lo que está *después* de mis experiencias surrealistas y simultáneamente *lo que va al encuentro del surrealismo*. Creo que lo mismo se puede decir de casi todo lo que he escrito en los últimos 15 años y, asimismo, de mi relación personal con André Breton y los surrealistas: en sentido estricto no soy uno de ellos pero no me siento ajeno a ellos —ni creo que ellos se sientan del todo ajenos a mí. Esta relación es de tal modo clara que la traducción (admirable) de *Piedra de Sol* es obra precisamente de Benjamin Péret. (La *circulación* de sangre que tú ves en la forma circular del poema es asimismo la del surrealismo, que me mostró la vía de comunicación entre la vida y la poesía. No renegaré nunca de un movi-

*Que nunca publiqué porque no me parecieron bastante "automáticos".

miento que se propuso instalar de nuevo la poesía en la vida y animar la vida con la poesía.)

He hablado de premeditación. Para mí es algo a igual distancia del *trance* y del *cálculo*. La premeditación es anterior al abandono y al plan: es el *querer ser*, que determina, nunca de manera explícita, la forma futura que asumirá el poema. En el caso de *Piedra de Sol* los seis o siete primeros versos los *oí* dentro de mí, precisamente en endecasílabos, un mediodía de 1957, cuando iba en un taxi por la Avenida Insurgentes. Esos versos *querían ser* aunque en ese momento no sabía qué era exactamente lo que querían. Por eso, al principio, el poema busca su camino. Poco a poco, guiado por el *ritmo y la medida*, descubrí qué era lo que yo quería decir. Sólo hasta que había escrito una cuarta parte del poema, *vi* que tendía hacia una forma circular. Entonces se me ocurrió ajustar el número de versos al del número de días de la revolución sinódica del planeta Venus. (Siempre me ha interesado la numerología y de ahí que me fascinasen los cálculos astrológicos de los antiguos mexicanos.) A medida que escribía, reflexionaba sobre lo que escribía, de modo que la meditación propiamente dicha también es parte del texto. Escribí el poema en cuatro o cinco "sentadas", cada una de unos ocho o diez días, separadas por meses de silencio.

Te cuento todo esto porque temo que tu nota puede interpretarse como una "toma de posición" adversa al surrealismo. Creo que has visto con verdadera agudeza en qué consiste el movimiento en espiral del poema pero me pregunto si no has acentuado demasiado aquello que lo separa o aísla. Por supuesto, no te pido que cambies tus ideas; te ruego, únicamente, que tomes en consideración lo que te digo en esta carta. Tú decidirás, en plena libertad, si deseas o puedes cambiar algo de los dos primeros párrafos de tu nota. Tal vez, *si accedieses*, podrías insertar, allí donde te parezca menos forzado, algo de lo que te digo en el tercer párrafo de esta carta y que *no* está en contradicción con el sentido general de tu texto. Quizá, *si a ti te parece,* podrías incluir, como cita de una carta mía, las frases más significativas del citado tercer párrafo (desde "escribí ese poema después del contacto..." hasta "animar la vida con la poesía"). Por supuesto, la cita no abarcaría todo el párrafo sino las frases que tú juzgues más adecuadas.* Por último: todo esto no es sino una *sugestión* y una súplica. *Tú decidirás.*

Querido Tomás: dudé mucho antes de decidirme a enviarte esta carta. No te haré protestas de amistad "a la tlaxcalteca"; tampoco te repetiré, tú lo sabes, todo lo que pienso de ti, de tu obra y de nuestra amistad. Se trata de un problema sentimental e intelectual que no necesita mayor explicación. En todo caso, quiero que sepas que, *de la misma manera que no deseo enturbiar mi relación con Breton, tampoco deseo que este incidente enfríe nuestra amistad.*

Un abrazo,

Octavio

P. D. Si tú aceptas mi sugestión habrá que convencer a Givaudan. Si opusiese alguna resistencia ante este cambio, dile que se trata de una exigencia mía y que no estoy dispuesto a ceder. El gasto extra de la imprenta sería mínimo y yo estaría, en último término, dispuesto a pagarlo inclusive. El retraso también sería insignificante: se trata de un catálogo.

¡Gracias!

* En suma, propongo que modifiques levemente tu texto, ya sea añadiendo algo de tu cosecha o citando expresamente lo que te digo en el mentado tercer párrafo. Se trataría de unas cuatro o cinco líneas, *a lo más.* De nuevo: perdón y... comprensión.

En otra carta responderé a los otros temas de la tuya: revista, "chamba", atmósfera de París, etc. No dejes de *escribirle* a Orfila.

Nueva Delhi, 20 de septiembre de 1965

Querido Tomás:

Tu carta llegó en momentos poco propicios, y por eso mismo fue como una ventana abierta al otro lado, al lado con agua, aire y pensamientos. Vivimos colgados, literalmente, del radio y sus voces contradictorias (Delhi, Pekín, Rawalpindi y, a veces, Londres). ¿Qué resolverán las Naciones Unidas y, sobre todo, cuál será la respuesta de Shastri al ultimátum chino, que se vence, como en la pieza de Tirso de Molina, a las 12 de la noche del miércoles? No es broma: por un exceso de confianza en su "causa" o en sus armas, movidos por el soplo de los "espíritus del mal" (chinos y gringos), los paquistanos y los indios pueden arder... y nosotros con ellos.

Tu carta nos hizo pensar y sufrir. Digo *nos* porque Marie José cree que tienes razón. Lo peor es que yo también lo creo. ¿Entonces? Entonces... nada. Para ti, como para ella, el surrealismo fue una escuela; para mí, unas gentes, unas caras y, por encima de todo, dos personas: una, la nobleza misma, aun en el error y el fanatismo, Breton; otra, el heroísmo cotidiano, y el desinterés absoluto, inclusive si vivía prisionero de un extremismo sumario (o más bien: infantil), Péret. También yo he sentido y resentido, como tú, el airecillo amistoso y protector de los franceses, y la cordialidad tosca y en el fondo falsa de los gringos (son cordiales por principio, no por corazonada), y la cortés impertinencia de los ingleses (tal vez son los mejores), y la arrogancia de los hindúes (digo hindúes, no indios: esto último es una abstracción política, una palabra como "revolucionario" en México) —una arrogancia que de pronto se transforma en servilismo; sufrí la "prepotencia" de los argentinos, el orgullo de los españoles, la familiaridad pegajosa de los cubanos, las risitas de los japoneses, las risitas (otra vez las risitas pero más grandes e inquietantes) de los chinos, bebí el chocolate envenenado de los mexicas —me sentí distinto, al margen siempre, descastado entre los de mi lengua, exótico e inferior en Berkeley, Nueva York y París— pero nunca experimenté nada parecido con Breton y Péret. Con ambos: extrema cordialidad y la impresión, extraña entre todas, de que en lugar de disminuirme me aumentaban, me hacían más grande o mejor de lo que era realmente. Mi amistad con Péret empezó precisamente con un pleito acerca de México (país al que él odiaba y amaba al mismo tiempo). Con Breton: extrema cortesía, extremo respeto mutuo y la sensación de una complicidad secreta —más allá del grupo, las fastidiosas reuniones en el café, las declaraciones, etc. Los conocí tarde, ellos ya viejos y rodeados de jóvenes que, al menos como poetas, no valen mucho. Me recibieron, desde el principio —esto pasaba hacia 1946 o 1947—, como si yo hubiese sido el que faltaba, el mexicano o hispanoamericano que no había llegado en 1930 pero que, aunque tarde, al fin acudía a la cita. Péret era el militante, el cura guerrillero (los odiaba), casi el San Pedro. Breton, entre Trotsky y San Pablo, el león —las grandes pasiones y también (a qué negarlo) las pequeñas. Pero de estas últimas hablo de oídas. Conmigo fue y ha sido intachable. Si algo podría reprocharle no es ninguna imposición o exigencia —jamás me ha pedido una adhesión, un juramento, nada sino cierto voluntario cerrar los ojos ante lo que, sin duda, debe parecerle reprobable en mi vida y en mis escritos (ser diplomático, por ejemplo). Yo nunca fui surrealista militante, en sentido estricto, y Breton me aceptó siempre tal como era (y soy). Me doy cuenta de que hoy tengo poco que ver con ellos —por lo menos con sus maneras, su estética y sus manías— pero preferiría cortarme una mano antes que, voluntariamente, romper con André Breton. Reconozco la ambigüedad —casi inmoralidad de mi actitud. Si Breton me enviase una carta repleta de injurias o se negase a saludarme, se me quitaría un peso de encima. Al mismo tiempo, nunca haré nada para provocar la ruptura —nada que parezca estar dirigido directa o indirectamente contra ellos. Estoy condenado a evitar la ruptura y a saber que todo me lleva a provocarla: género de vida, concepción de la poesía como poema y no sólo como experiencia, etc. No creo ser amigo de Breton —en el sentido en que lo soy tuyo— y sin embargo es una de las gentes que más quiero y admiro. Su opinión es una de las poquísimas que de verdad me importan.* No creas que sus juicios (morales y estéticos) sean para mí infalibles. Se ha equivocado muchas veces. No es la razón o justicia de sus opiniones sino el hecho de ser sus opiniones. No entiende muchas cosas y profesa sobre otras puerilidades que considera verdades sacrosantas. Es el espíritu más libre que conozco y, no obstante, está lleno de prejuicios y manías. Quizá todo lo que siento y pienso de Breton dependa de lo siguiente: pocas veces he visto tal fidelidad, tal correspondencia entre el pasado y el presente, lo que se quiso ser un día y lo que se es. En el caso de *Piedra de Sol* el conflicto era particularmente penoso. Envié desde México a Péret un ejemplar de la edición limitada que hizo el Fondo en 1957. A los pocos

* Y Buñuel me decía lo mismo la última vez que pasé por México.

días me contestó con una carta entusiasta y me pidió permiso para traducir el poema en francés. Cuando Breton leyó la traducción de Péret, también se entusiasmó. A Benjamin —que nunca logró conseguir un editor— se le ocurrió inmediatamente una edición de lujo, con grabados de no sé quién y un prólogo de Breton... Estaba en eso cuando Mascolo, enterado por los muchachos surrealistas de la existencia del poema y de la traducción, le propuso a Gallimard la edición del libro. Todo se arregló pero Breton no escribía el famoso prólogo. A mí, en el fondo, no me agradaba la idea de la presentación —y por las mismas razones del... (no sé que iba a decir).

22 de septiembre

Interrumpí la carta —un visitante, luego las noticias, el radio, un día, otro día. Acaban de anunciar que Paquistán aceptó la tregua. Es algo terrible. Pero reprimo mi tendencia a la digresión política y termino con el cuento... Por último, un día recibí una carta de Breton —muchísimo más breve que la nota sobre *Piedra de Sol* pero no menos conmovedora— en la que me decía que no se sentía con fuerzas para escribir nada que valiese la pena. Era la segunda vez que le ocurría; la primera vez había sido con Apollinaire, que le había pedido un prólogo para una colección de poemas —que no publicó en vida, pues murió a los pocos meses. Te he contado todo esto para que veas hasta qué punto la historia de la aparición de mi poema en francés —habló de la edición comercial de Gallimard— está ligada a las personas que son el surrealismo encarnado: Péret y Breton... Dicho todo esto, repito: todo lo que escribiste lo pienso. Tienes razón, toda la razón... Y ahora me cortaría la otra mano si tú rompieses conmigo.

Tu carta coincidió con una de Orfila. Me dice que te ha escrito pidiéndote tu libro. Me imagino que será publicado en Letras Mexicanas. Esta es una de las cosas que me han dado más alegría en las últimas semanas... Carrillo Flores no contesta. Mañana escribo a su secretario particular y a Zea. Creo que cometí un error: no consultar el asunto con este último, que es el director de Relaciones Culturales. Tú me hablaste de Londres y de la BBC. ¿No podrías arreglar con ellos un contrato provisional, en tanto yo continúo la gestión? Una gestión como la de Góngora en Madrid —aunque espero tener más éxito. Digo esto porque, a pesar de todo, *no* he perdido las esperanzas.

Perdona esta carta deshilvanada. Durante siete páginas sólo he hablado de mí. Es horrible. El cuarto está lleno de humo, hace un calor espantoso afuera y adentro los aparatos para enfriar el aire hacen un ruido endemoniado... Mándame, cuando tengas tiempo y humor, los nuevos poemas que escribes. Modera tu rabia contra París. Tienes razón pero ¡si estuvieras en Delhi sería peor! Por cierto, antes se nos había ocurrido que, si tu situación no se resolviese, tú podrías venir y pasar una temporada con nosotros. La idea sigue en pie y no me parece descabellada ni fantástica... ¿Qué piensas?

Un abrazo,

Octavio

P. D. Marie José me pide que te pregunte si te gusta Saint-John Perse —ella lo admira y yo también, sobre todo al primero (*Éloges* y *Anabasis*)... Ahora que la guerra está a punto de terminar, nos sentimos un poco vacíos. Como después de una borrachera... En este caso, para mí, de telegramas, hipótesis, conversaciones... Tantas idas y venidas: ¿para qué?

Nueva Delhi, 31 de octubre de 1965

Querido Tomás:

Tu carta me abrió un mundo desconocido, un verdadero palacio encantado de asociaciones y enigmas —como el de Minotauro o *La bella durmiente del bosque*. Quise contestarla inmediatamente porque mi fascinación fue doble o triple: amistosa, poética, psicológica —metafísica diría, si la palabra no fuese sospechosa. ¡Qué poco sabemos de nosotros mismos! Tu exploración en tu vida y tu pasado, tu búsqueda del "dónde vengo" y el "adónde estoy", me pareció novelesca y por eso mismo muy real, como si tú tratases, en ese buscar tu origen y tu relación con el mundo, al mismo tiempo de *inventarte* a ti mismo. Conocerse, quizá, es crearse. Eso no lo sabían los griegos —es algo que nace con el cristianismo pero que sólo se desarrolla en la época moderna... ¿Por qué no contesté a tu carta el mismo día que la recibí, cuando las impresiones eran más frescas y la respuesta podía ser más espontánea? Quise esperar, es absurdo pero es así, a que saliera el poema aquel de que te hablé en mi carta de abril y que, por capricho, decidí editar aquí —un capricho ruinoso y que terminó en un fracaso: la edición está llena de fallas, no de imprenta sino de impresión. En la imprenta me habían dicho que el libro saldría hacia la primera semana de octubre —por eso esperé— y sólo me lo entregaron hasta ayer. Uno de los primeros ejemplares es para ti. Pero ahora ya no me será fácil decirte todo lo que pensé y sentí al recibir tu carta. El diálogo, cuando se sostiene a cierto nivel, es lo más frágil que existe: el menor descuido, la falta de atención más mínima, lo interrumpe. Lo que más siento es que yo he sido el culpable.

Tus poemas poseen la misma tensión de aquellos que me enviaste desde Montevideo. Tensión o, más bien, desgarradura ante lo que vemos —la apariencia cerrada, hermosa y compacta del otoño, la nube, el árbol— y lo que esconde la presencia —un vértigo, un enigma. ¿Lo que esconde o lo que manifiesta? El ojo no descubre nada detrás de la apariencia —y eso es lo terrible, el verdadero abismo del hombre: no hay nada detrás, excepto tiempo, luz, indiferencia. Lo que manifiesta la naturaleza es indiferencia frente al hombre y reconciliarnos con esa indiferencia hermosa —¿no es ese el *tema* de gran parte de tu poesía?— es abrir el yo, reconciliar el ver con el estar. Ver y ser visto, en algún momento, es lo mismo. De ahí, me imagino, la forma de esos poemas: cerrada y, sin embargo, abierta. No terminan en sí mismos: se abren hacia algo indecible. Terminan en puntos suspensivos. Son una afirmación de la hermosura exterior y una reticencia. Lo mismo sucede, hasta cierto punto, con tus poemas en prosa. En unos y otros la forma —la del poema y la contemplada— presentan una suerte de fractura mínima, casi invisible: la de la subjetividad. Tal vez por esto prefiero tus poemas largos. Te veo en ellos más libre de ti mismo, menos *frente* al mundo y la realidad y más *en* ellos, menos preocupado por ser o por saber quién eres y qué es lo que ves. Esos poemas son el apogeo, el desenfreno y hasta el libertinaje del yo —sólo que, a fuerza de extenderse y cubrirlo todo, el yo del poema logra desprenderse del yo del autor y alcanza una verdadera objetividad. Una objetividad que echo de menos en tus poemas breves y en tus poemas en prosa. O para decirlo en términos "literarios": en los poemas largos dependes menos del simbolismo y de Juan Ramón Jiménez. No porque me parezca mal Jiménez (el último es plenamente moderno) sino porque en tus poemas breves es un obstáculo en tanto que en los largos, al asumir esas herencias, las disuelves. No sé si me explico con claridad, pero estoy seguro de que tú adivinarás lo que quiero decir —inclusive si no estás del todo de acuerdo conmigo.

Pellegrini me escribió para decirme que ya está lista la antología de poesía hispanoamericana de "vanguardia". Me dice que irán ¡cuarenta poetas! Es absurdo. Entre los mexicanos: tú, Montes de Oca, Sabines, Aridjis y yo. Le contesté que faltaban varios nombres y le envié una lista. En efecto, si se tratase efectivamente de poetas de "vanguardia" (hay que resignarse a ese término estúpido) la representación mexicana está bastante completa; pero como no creo que haya cuarenta poetas (vanguardistas o no) en Hispanoamérica, no veo la razón de excluir a varios mexicanos —aunque no sean propiamente "vanguardistas". De todos modos, la antología tendrá una virtud: revelará en España (y aun en América) a los nuevos poetas. Por pereza de los críticos (?) y timidez nuestra, la gente se ha creído que la poesía española terminó con Miguel Hernández y la hispanoamericana con Neruda.

¿Recibiste *Los signos en rotación* y *Cuadrivio?* El primer ensayo —refundición y rectificación del último capítulo de *El arco y la lira*— aparece en la edición francesa —que me imagino habrás visto— bajo el título de "Epílogo". El traductor me dijo que en francés el título español no "sonaba". Por cierto, creo que la traducción es excelente y eso me consuela un poco del librito de Seghers. Pero temo que el libro no será *oído* en Francia: atraviesan por un mal momento (en eso estoy plenamente de acuerdo contigo). En los últimos meses he escrito mucho. Además de

Viento entero, varios artículos y ensayos —que publico en la *Revista de la Universidad* y en *Sur*—, en *Diálogos* aparecerá, en este mes, otro poema largo: *Vrindaban*. Ojalá que te interese. ¿Has enviado a Cela y a Murena colaboraciones? ¿Y el libro para Orfila?

Zea *no* me ha contestado. No sé qué ocurre. A mi juicio —si puedes resistir— deberás quedarte un tiempo más en París. Yo volveré a escribir a Carrillo Flores y a Zea: al primero dentro de unos quince o veinte días; al segundo apenas tú me digas que mi nueva gestión —que será más *exigente*— no es inoportuna o tardía. No quisiera gastar la pólvora en infiernitos.

En tu carta me hablas de Bergamín con afecto. Yo lo admiré y quise mucho, pero siempre tuve la impresión de que se trataba, como en el caso de otros amigos españoles, de una relación unilateral. No creas que es reacción a la Juan Ruiz de Alarcón. Lo que tú sientes frente a algunos mexicanos yo lo he sentido frente a los españoles —aunque de manera distinta. El mexicano es reservado y envidioso; el español, cerrado y soberbio... Pero tu carta me reconcilió un poco con Bergamín. Le enviaré *Viento entero*...

Aquí corto. Marie José te envía saludos de verdad afectuosos.

Un abrazo,

Octavio

P. D. Escríbeme pronto. Unas líneas, diciéndome cómo van tus asuntos... No olvido lo de la revista pero no veo, en estos momentos, la manera de iniciar la gestión. *Presiento* que pronto se abrirá una puerta.

Nueva Delhi, 27 de noviembre de 1965
Embajada de México

Querido Tomás:

Contesto con algún retraso, no demasiado, a tu carta. Como todas las tuyas, desde hace tiempo, me impresionó. Vienes en un estado de iluminación. Como si, por un accidente extraordinario, estuviesen en el centro de una conjunción, una verdadera conjunción —no de sombras sino de claridades—. Pero ya sé que no se trata de un accidente —aunque, desde otro punto de vista, sí lo sea: esas revelaciones, cualesquiera que sean nuestros talentos y nuestro valer son siempre inmerecidas. Y al mismo tiempo, son siempre merecidas: no son un regalo sino aquello que nos debe realmente la vida. Creo que todos las tenemos —por eso el hombre es universal, por eso la poesía es de *todos*. Y sin embargo, muy pocos lo saben, muy pocos se dan cuenta. Se necesita una conciencia muy alerta, una sensibilidad desnuda y verdadera humildad, para percibir los signos, las vibraciones; y se necesita también una imaginación coherente para convertir esos llamados en un sistema de señales. Mejor dicho: la imaginación nos sirve para descubrir que esos signos —que llamamos casualidades y accidentes— forman un conjunto, son los elementos de un destino y que *tout se tient*.

Tú empleas la palabra *reconocimiento*. ¿Qué es lo que reconoces, quién te reconoce? Por una parte, lo pasado y el pasado. Tu pasado es lo que a ti y sólo a ti te ha pasado (tu madre, tu padre, España, tal vez México, tal vez tu mujer —sobre esta última no sé nada, excepto lo que me dejan adivinar ciertas frases tuyas y una carta recibida en Ceilán, hace ya casi un año). Lo pasado son los *incidentes,* las formas que adopta la "vida anterior", ese pasado que nunca pasa, casi siempre oculto y que sólo aparece en los días decisivos, para reordenar lo que somos y quiénes somos. Lo pasado es irrecuperable pero el pasado es lo que está siempre presente. Es, como tú dices, el punto de partida. Tú inviertes los términos —¿pero los inviertes realmente?— pues no partes del ser hijo sino de la paternidad. ¿No crees que, en cierto sentido, todos somos huérfanos? Yo no lo sabía y tú me lo has revelado. Unos de padre, otros de madre —todos huérfanos. Yo sé, lo sé desde hace mucho, que un día, sin que ella o yo nos diésemos cuenta, me convertí en el padre de mi madre. ¡Qué absurdo lo de Edipo! Luché contra mi padre pero no por mi madre sino porque, por razones largas de contar, mi padre advirtió oscuramente que yo me convertía poco a poco en su padre —y él se rebeló como se había rebelado antes contra su padre, contra mi abuelo. Desde antes de que muriese mi padre —y murió cuando yo tenía 21 años— *supe* que yo tenía que asumir el ser el padre de mis padres. Creo que esto me distingue de la mayoría de mis amigos. Ellos se rebelaron contra sus familias; yo no tenía contra quién rebelarme. Todo lo que me ha pasado después parte de esta situación original. ¿En qué sentido creo en el amor, *ahora*? Por una parte, como un ir más allá de hermandad, filialidad y paternidad —salir al fin del incesto. Por la otra, reintegrar el incesto en el amor: ser padre, hijo y hermano de mi mujer. No, yo no creo que el amor sea un *fin* —es un comienzo. ¿De qué? No lo sé aunque lo presiento: de nosotros mismos.

Envidio y temo tu viaje a España. Durante años soñé en mi regreso —después, desistí. Sé que sin España mi reconciliación con la vida —o como quieras llamar a lo que nos pasa y que no es exactamente la vida— no será completa. Esa reconciliación empezó aquí, hace unos años, en pleno destierro —destierro no de una tierra sino de la tierra. Primero fueron las noches —nunca había visto cielos como éstos—, los árboles, los pájaros. Aprendí a estar solo y a no tener miedo de los otros, de la muerte, del tiempo. Entonces encontré a Marie José —no antes sino después, cuando ya sabía que podía estar solo y que, por tanto, podía *compartir*, podía estar acompañado y ser compañía. *Tout se tient* —y algún día te contaré cómo fue nuestro encuentro, *después* de que uno y otro habíamos renunciado, un *después* que fue el momento justo. Sé que la *reconciliación* no será completa sin el reconocimiento de España y de México —de lo que tú llamas la Palabra española. (¿Crees que los yanquis tienen el mismo problema frente a Inglaterra? Yo no lo creo: es otra civilización, otro espíritu. Pero, a su manera, se han reconciliado.) En este sentido "envidio" tu viaje a España: tal vez tú, por ser español y mexicano —español de México, más bien— logres atar los cabos, ser mexicano de España. En mi caso la experiencia fracasó —por culpa mía y de ellos (los españoles). Por culpa mía, porque *reconocí* con entusiasmo pero sin exigencia, sin crítica. No advertí que era distinto y que debía defender mis diferencias —no sabía que el reconocimiento es recíproco y que no basta con reconocer al otro si el otro no nos reconoce. Ellos, por lo demás, nunca han sentido la necesidad de reconocerme (en el sentido profundo, no en el personal y aún menos en el literario). Mis diferencias no les interesaron y mis semejanzas me empequeñecían ante sus ojos. Extraña gente: ignoran todo lo que es distinto a ellos, y desprecian todo lo que se les asemeja. Pero tú no tienes pecado original en España —tú eres de allá (tu pecado original sólo aparece en América, en México: haber nacido en España). Para ellos, los españoles, tú regresas: tus diferencias serán vistas como una prueba más de tu original semejanza. Aceptarán, estoy seguro, tu acento distinto y cada una de tus infidelidades, lejos de ser una traición (como ocurre con los nativos que se quedaron) o una monstruosidad (como ocurre con los latinoamericanos), será una prueba de tu esencial fidelidad. Tú les darás el gusto salvaje de la *errancia*. Y de ahí que *tema* ese viaje: sería terrible que volvieses a España para dejar a México. Pero todo esto tal vez sólo sea un delirio más o menos razonado. ¿A quién —excepto a ti, a mí y a algún otro que no conocemos— puede importarle todo esto? Y sin embargo, esto que nos preocupa es una de las pocas cosas que cuentan de verdad, inclusive en términos de historia venidera y de política actual... Tu poema —sí, debes corregirlo, aunque no sé exactamente qué deba corregirse— me parece lleno de resonancias misteriosas, como ciertos poemas de Hölderlin. Mi crítica sería puramente retórica —algunas palabras y giros *surannés*— pero eso no importa. Lo que importa es lo que tú llamas el "pensamiento" —aquí denso, profético, esencial. (¡Qué pobres todos estos adjetivos! Pensamiento sentido, como a veces, poquísimas, Unamuno.)

Celebro que veas a Jouffroy. No sólo es inteligente y sensible: es apasionado, generoso. Aquí me detengo. Es tarde, estoy cansado. Podría hablar, no escribir.

Un abrazo,

Octavio

P. D. No he comentado lo de México: ¿qué pasa? Aquí llegan tardísimo los periódicos —y nadie escribe para contarme las cosas. Todos dan por supuesto que uno está enterado. Sé que salió

Orfila y que se ha fundado una nueva editorial. Pero ¿qué ocurrió? ¿Cuál es el significado de esos cambios? ¿Y tu libro? Escríbeme, si tienes tiempo, una carta "informativa". En París debes estar al tanto de lo que sucede.

Abrazos.

Nueva Delhi, 3 de enero de 1966

Querido Tomás:

Te escribo de nuevo a la carrera —y me duele. Tu carta nos conmovió. La sopa humeante, la mesa puesta, el hambre de los niños, el sacramento de la comida —todo eso es real. Los quehaceres domésticos poseen —mejor dicho: poseían, ya que tienden a desaparecer— una dignidad que no tienen la política, el "trabajo productivo" y las "actividades culturales". La cocina y los oficios —alfarería, jardinería, carpintería, herrería y hasta los hilados, tejidos y bordados de nuestras abuelas y tías— son ocupaciones reales. Reales y rituales —y aquellos que participan en ellas saben oscuramente que se trata de una mediación entre el hombre y la substancia del mundo. La substancia y las sustancias. A su manera son religión y poesía. Una manera que la poesía y la religión han perdido —ya que han dejado de combinar y repartir sustancias y realidades para manejar ideas y signos. El signo devora hoy al significado —es decir, a la sustancia... Cuando llegó tu carta, leía a Lévi-Strauss. Con frecuencia me irrita y me deslumbra pero lo que tú dices me recordó un pasaje de *Tristes Tropiques*: la "edad de oro" tal vez se sitúa en el neolítico —antes de las grandes civilizaciones, las teologías y el Estado, en la época en que la cocina y la cerámica, precisamente por ser actividades en relación directa con la alimentación, eran también un arte y un rito. ¿Sabes que quizá le debemos a la mujer lo que se llama la base de la vida sedentaria: la cocina, la alfarería, el hilado y, probablemente, la agricultura?

Tu situación económica me atormenta. Yo, por lo visto, he fracasado. Zea ni siquiera me ha contestado. Ahora me llegan rumores contradictorios sobre la Embajada de México en París: unos dicen que José Gorostiza será el nuevo Embajador; otros dicen que Torres Bodet volverá a ocupar el puesto. Si fuese cierto lo primero, estoy *casi seguro* de que podría arreglarse tu situación. ¿Tú sabes algo? Tal vez sería bueno que no te movieses de París hasta no saber quién será el nuevo Embajador.

Marie José te manda muchos saludos —y agrega que prefiero tu poesía a tu cocina. Yo afirmo que es lo mismo —a condición de no confundir la cocina con la gastronomía. Los ángeles de Murillo no son "chefs"...

Un abrazo,

Octavio

P. D. Me imagino que ya habrás leído los poemas que te envío con esta carta. Aparecerán también en *Diálogos*.

Nueva Delhi, 19 de enero de 1966

Querido Tomás:

Tal vez el tono de mi última carta, levemente contraído, te habrá extrañado. En ese momento —quiero decir: en el momento de escribirte— me habría gustado ser más explícito pero no podía serlo por una suerte de prohibición psíquica (pudor, superstición —lo que se cuenta no se realiza—, etc.). Ahora, para decirlo de una vez: mañana nos casamos ante un juez indio e inmediatamente después salimos hacia los Estados Unidos, adonde voy invitado por una universidad para pasar una temporada (tres meses) como "escritor en residencia". Mi dirección a partir de febrero: Cornell University, Department of Romance Languages, Ithaca, Nueva York. Por cierto, se me ocurre que, *quizá*, podría yo arreglar algo para ti, en Cornell o en algún otro lado. No te propongo —ni podría ni lo deseo— una "carrera de profesor" sino pasar una temporada en alguna universidad. ¿Qué te parece la idea? Contéstame pronto... A riesgo de ser impertinente e incluso de ofenderte, te envío una suma que tú me pagarás cuando puedas. Recuerda que Rubén Darío le prestó dinero varias veces a Antonio Machado, cuando el primero era Ministro en París y el segundo estudiaba en la Sorbona (o en algún otro colegio).

Saludos de Marie José.

Un abrazo,

Octavio

Magnífico tu artículo sobre Césaire, en *Siempre!*

Ithaca, 11 de febrero de 1966

Querido Tomás:

Tu carta me hizo temblar. Temblar de frío y de risa. Hay siempre un elemento cómico en los dramas urbanos y es la comicidad la que nos redime de la sordidez. Esto lo vio Cervantes y, también, Chaplin. Tus aventuras con la estufa, la caída de Nieto, la actitud del director de la Casa de México, tu cólera, etc., me recordaron las películas de mi infancia —películas crueles e irresistiblemente cómicas. No me juzgues con demasiada severidad. Ya sé que Bergson, Freud, Baudelaire y no sé cuántos más, te pueden dar razones para interpretar mi reacción como venganza, resentimiento, nihilismo. Sí, hay algo demoniaco en la risa moderna. La *comedia* es la gran invención del espíritu burgués. La melancolía fue la enfermedad barroca: Góngora y Miguel Ángel son melancólicos; la tristeza es moderna: Baudelaire y Eliot son tristes y para salvarse de la tristeza la convierten en humor o en reflexión lírica. Sólo la risa o la poesía pueden disolver a la tristeza...

Tus escrúpulos me asustan y no acaban por conquistar mi aprobación. Comprendo tus vacilaciones e inclusive tu repugnancia. A mí tampoco me inspira confianza el Congreso por la Libertad de la Cultura, especialmente su rama hispanoamericana. (Comparto tu juicio sobre Arciniegas y muchos otros.) Pero creo que exageras. El ejemplo de *Encounter,* y aun el de *Preuves,* demuestra que sí es posible *ahora* hacer una revista de verdad libre —y no únicamente servirse de la retórica de la libertad para justificar los abusos del poder. La rama hispanoamericana fracasó por tres razones: primero, porque la mayoría estaba compuesta por antiguos comunistas tan fanáticos en su anticomunismo como los estalinistas o por gente mediocre, resentida o vendida; en seguida, porque el debate de los años de la guerra fría —libertad capitalista y socialismo burocrático totalitario— era menos claro para los hispanoamericanos, que no veían en el primer término tanto lo libertario como lo capitalista y lo imperialista (esto mismo les impedía ver el horror del régimen soviético —su carácter autocrático les parecía, a lo sumo, un mal pasajero, un accidente histórico y no un mal constitucional*); por último, la defensa de la democracia burguesa, que tenía (y quizá aún tiene) sentido en Occidente, para nosotros equivalía simplemente a la justificación de la política yanqui en América Latina. ¿No crees que las cosas han cambiado? No quiero decir que haya cambiado la realidad de la América Latina ni que Washington se haya transformado en una palomita (mientras te escribo, Johnson defiende su política en Vietnam y la hace más agresiva). Pero es evidente que ha cambiado la relación mundial de fuerzas (Mao, De Gaulle, para citar lo más obvio). El revisionismo triunfa, más o menos, en los partidos comunistas europeos e inclusive en Europa Oriental y en Rusia. En los Estados Unidos los jóvenes protestaron y la crítica —osada, lúcida, valiente— es la tónica de la nueva generación. El mundo partido en dos mitades está a punto de desaparecer y la política mundial empieza a recobrar su pluralidad original. En estas circunstancias, una revista como la

* Sartre es uno de los culpables de este sofisma.

de Rodríguez Monegal (apenas si lo conozco; lo traté hace años, por unos días, en Nueva York) podría realizar una función de verdad importante —a condición de que afronte con lealtad el hecho capital de estos años: la pluralidad. Y agrego: no basta con oír a los otros, es necesaria una crítica despiadada de nosotros mismos. En este sentido los hispanoamericanos tenemos mucho que aprender de los yanquis. Esto, en cuanto a la política. En el campo de la literatura y el arte, la revista puede hacer mucho bien. Lo primero: expresar y reafirmar la indudable originalidad de las letras españolas y portuguesas (principalmente las de América),* agrupar a los nuevos escritores y así devolvernos un poco la confianza en nosotros mismos. Rodríguez Monegal me parece un buen crítico y creo que tú y él podrían formar un buen equipo. La cuestión moral: ¿por qué te empeñas en probar la "buena fe" de R. M.? La noción de buena (o mala) fe es una noción sartreana —una actitud protestante. Implica una incurable creencia en la maldad congénita del hombre. Es cristianismo descarnado, mutilado y sin gracia. Además, preguntarse si el otro tiene buena fe, ¿es un acto de buena fe? Prefiero el inmoralismo radical de Nietszche: creer en la buena fe de los otros es una ilusión —y en la propia, una hipocresía. La buena fe no se prueba: si es subjetiva, escapa a toda comprobación; si es objetiva, no es fe sino acto: *por sus frutos los conoceréis*... En realidad la fe es invisible porque es improbable. Es lo improbable. No, no creo que seas un dogmático. Eres intransigente y riguroso, contigo mismo y con los otros. Lo de la buena y la mala fe es un pegote sartreano. Tus escrúpulos son tal vez excesivos pero no son las dudas del Hamlet sino el soliloquio de Segismundo. Eres calderoniano. Tus escrúpulos no son morales sino poéticos y

* Las actuales: nosotros.

aun religiosos: el otro para ti no es un espejo sino una encarnación, un símbolo real y no una realidad simbólica. *Esto es lo que dice tu poesía.* Tus dudas se refieren a la realidad sobrenatural del otro (y de ti mismo), no a sus buenas o malas intenciones. Esas dudas son tu pregunta y esa pregunta es la que le interesa al mundo —o, al menos, a nuestra lengua— o, al menos, a tus amigos...

Es tarde. Afuera hay nieve. Otro día te contaré mis impresiones de Nueva York e Ithaca (!). Preparo ya lo de tu posible incursión universitaria en Cornell o en alguna otra universidad. Marie José te envía muchos saludos y yo.

Un abrazo,

Octavio

Mi dirección: 100 Fairview 6L
Ithaca, N. Y., USA.

Ithaca, 12 de marzo de 1966

Querido Tomás:

Perdóname: las malditas clases (¿por qué acepté?), varios viajes a Nueva York y mil cosas más me impidieron contestarte a tiempo. Ahora mismo te escribo a la carrera. No comentaré tu carta: en el fondo estamos de acuerdo (al menos, en el plano "objetivo" o, como dirían los lingüistas de Cornell, en el "universo del discurso", que es el único sobre el que podemos hablar. ¿No es absurdo: *sobre lo único que podemos hablar es sobre las palabras*?)

Hablé con Jean-Jacques Demarest, Jefe del Departamento de Romance Studies de Cornell. Tienen necesidad, aquí y en otras universidades, de profesores jóvenes, hispanoamericanos o españoles, para dar cursos de literatura. Me dijo que te escribiría para invitarte. ¿Lo ha hecho? Volveré a la carga si tú me dices que aún no has recibido carta suya. *En consecuencia, contéstame a vuelta de correo*. Por otra parte, acabo de escribir a otro amigo de la Universidad de Wisconsin (Eduardo Neale-Silva), proponiendo tu nombre. Estoy seguro de que alguna de estas gestiones tendrá éxito —aunque no de inmediato: para el segundo semestre de este año o, más probablemente, para 1967.

Y ya que hablo de cosas "prácticas": ¿tienes noticias del Fondo? ¿Publicaron tu libro? Te sugiero que les escribas. Parece que aquello ha caído en las peores manos. Si, como temo, el Fondo no se interesa en tu libro, creo que *ahora sí* Orfila podría publicarlo. No dejes de decirme lo que piensas sobre este asunto. Por último: ¿puedes enviarme *quince páginas*, a doble espacio, que contengan una selección de tus poemas? Yo escogería entre esas quince (o *veinte)* páginas, unos diez —para una antología que prepara la nueva editorial de Orfila (*Poesía mexicana moderna*, prólogo de Alí Chumacero; selección de Alí, Aridjis, Pacheco y tu servidor. Acepté —aunque la idea me revienta— para oponer ese libro a la *Antología* de Castro Leal que, según me dicen, prepara el nuevo Fondo). La nota sobre ti la haría yo. Además de esos poemas (entre ellos algunos en prosa y los largos que tanto me gustan ¡por favor!), necesito tus datos biográficos y bibliográficos. ¡Gracias!

Saludos de Marie José.

Un abrazo,

Octavio

Mi dirección: 100 Fairview 6L
Ithaca, N. Y., USA.
En cuanto pueda, te escribo de verdad.

P. D. De nuevo: perdona esta carta —mal escrita, mal redactada y mal pensada. Al releerla sentí rubor. Cornell me aburre. Había olvidado que los profesores son *realmente* profesores. Nueva York me seduce, me aterra, me repugna, me asombra y, sobre todo, me cansa. Conocí a Ginsberg —extraordinario, conmovedor a pesar de todo (inclusive sus barbas, su budismo, sus drogas o por todo eso mismo)... No escribo y siento sólo (sentimos, porque a Marie José le pasa lo mismo) un inmenso deseo de regresar a India. Mi impresión de Occidente (mejor dicho:

Estados Unidos —pero ¿no es lo mismo, no es este país el "extremo al que puede llegar lo europeo"?) es: abundancia hasta la saciedad —saciedad hasta las náuseas... Envíame tus poemas y cuéntame algo sobre la revista. Emir (título de reyezuelo, por cierto) me escribió una amable carta.

Un abrazo.

Ithaca, 21 de marzo de 1966

Querido Tomás:

De nuevo, un recado: mañana tengo clase, pasado mañana también y el jueves salimos para Nueva York por diez días (Ithaca me aburre y me exaspera). —La selección de tus poemas: unas 20 páginas, a doble espacio, con inéditos o publicados, como quieras (Sugiero, pero sólo sugiero, algún poema largo de *Historias y poemas* y algunos en prosa). No olvides la bibliografía y los datos biográficos (no más de diez líneas). *No hay prisa.* Tengo la sensación de que los otros (Alí, Aridjis y Pacheco) toman el asunto con gran calma.

La semana pasada recordé a Demarest que debería escribirte. Volveré a la carga a mi regreso de Nueva York. No te preocupes: ya aclaré que, aunque seas un "joven maestro", no eres un profesor sino un poeta.

Sobre *Historias y poemas: debes publicarlo pronto*. No sé si fue Apollinaire el que dijo que había que publicar todo lo que se escribe. Yo diría: por lo menos, hay que intentarlo. Escribe a Orfila, Azuela o al demonio pero insiste en la publicación de ese libro. Ahora es cuando debe aparecer: es el fondo, el paisaje, la fuente —lo que quieras— de los poemas nuevos (el último me gustó mucho: ya hablaremos).

Monegal me escribió, pidiéndome colaboración para la revista: procuraré enviar algo pronto...

Un abrazo,

Octavio

P. D. *Escribiré* cuando esté un poco más libre. Por cierto: Alí, Homero, Emir, ¡qué nombres!

Ithaca, 8 de mayo de 1966
Cornell University

Querido Tomás:

No he vuelto a tener noticias tuyas. ¿Qué pasa? He hecho un examen de conciencia y sospecho que el tono de mis últimas cartas te debe de haber parecido frívolo, exterior e inclusive lejano. Es posible que haya sido así (deberíamos escribir cartas sólo en estado de gracia). De todos modos, no creo haber sido poco amistoso... Así pues, escríbeme dos líneas y aclara mi confusión...

Salimos a fin de mes, de regreso a Delhi. Nos asusta un poco el calor pero tenemos unas ganas inmensas de regresar. Marie José te envía un saludo y yo,

Un abrazo,

Octavio

P. D. Te escribo a la revista porque ignoro si aún estás en la Ciudad Universitaria.

Nueva Delhi, 17 de julio de 1966

Querido Tomás:

Llegamos hace cuatro semanas, en medio de un gran aguacero. Todo estaba húmedo, verde, chorreante. Durante seis días llovió sin parar. Aquel que no haya visto —ni oído, olido, gustado y tocado— las lluvias de la India, no sabe lo que quiere decir llover. Montañas de agua. Y el viento que azotaba a los árboles (y qué árboles) doblaba sus troncos, esparcía el agua y derribaba a los pocos pájaros que se atrevían a volar. Un delirio verde, genérico, casi paradisiaco y aterrador pero con cierta perversidad ambigua y una suerte de melancolía, como si ya se supiese que toda esa violencia terminaría en pudrición. Después dejó de llover y vivimos en un baño de vapor. En unos cuantos días la tierra chupó toda el agua y el resto el sol se la bebió. Hace más de ocho días que no llueve, la temperatura ha vuelto a subir —andamos entre los 40 y los 45 a la sombra— y el aire parece brasa. Los periódicos dicen que el monzón se ha "extraviado". ¿Adónde se fue y quién irá a buscarlo? Como hace tanto calor, salimos apenas. Día y noche el zumbar de los aparatos que enfrían el aire. En las noches parecen motores de barcos perdidos o el caer regular de una cascada mecánica —una cascada de agua abstracta. Estos aparatos aíslan más del mundo exterior que la calefacción de los países fríos. ¿Se sentirá algo parecido en los submarinos?

Nueva York se ha vuelto irreal y la India, que hace un mes parecía irreal, ahora es lo único real. Sólo que su realidad es tal que anula a todas las otras realidades conocidas o por conocer. No cabe en nuestra idea de la realidad. Es como caer de pronto a la mitad del discurso de la filosofía de la historia de un Hegel mil veces más inteligente que el Hegel real —pero *loco.* La extrañeza es doble: el tamaño, la dimensión descomunal de lo que pasa y la manera en que se combinan y encadenan los elementos. La historia universal al revés —y no menos real que la nuestra. Una realidad que desafía a nuestra razón, se ríe de nuestra cólera, es indiferente a nuestro amor y envilece a nuestra piedad. Aquí las medidas —en nuestros días ya resulta sospechoso decir: valores— son otras. El error (más bien: pecado) de Nehru consistió en creer que las medidas de la India y las de Occidente eran intercambiables. La India no es Occidente pero tampoco es Oriente. No se parece a China ni al Islam. Si no se parece a las demás civilizaciones tampoco se parece a sí misma; si se ve en un espejo, aparece otra India. Es única pero no una: hay muchas Indias y todas distintas. Su historia, por ejemplo, tiene una lógica (o como quiera llamarse al "proceso" histórico) particular: el budismo, que sería su protestantismo, no está *después* sino antes de lo que también sería su catolicismo, el hinduismo. Y así todo —religión, cocina, mitos, filosofía y, por supuesto, geografía. (¿Sabías que los Himalayas son las montañas más *jóvenes* del planeta?) Su religión parece un sueño, su filosofía es religión, su religión... ¿qué es su religión?

No creas que comparto la actitud escandalizada de los extranjeros. Me irrita que el primer recién llegado se atreva a condenar, compadecer o aconsejar a los indios. Me irritan los indios que creen que todo el problema se reduce a "planificar" y "modernizar". Es verdad que esta realidad es monstruosa pero no lo es menos que la prosperidad de los otros. Entre Benarés y sus leprosos y mendigos y las multitudes apiñadas de Cannes, Acapulco o Miami, la diferencia no es inmensa: ¿por qué la promiscuidad de la miseria *debe ser más* degradante que la de la abundancia? Mi irritación ante los progresistas de uno y otro bando no significa que me haga ilusiones sobre la "espiritualidad" india —invención de solteronas inglesas, eruditos chiflados y otros extravagantes del siglo XIX. La verdad de la India es otra. No sé cuál es pero no es ni "monstruosa" ni "espiritual" —ni "atrasada" ni "eterna". Es una verdad, presiento, central. He creído entreverla en algunos templos y esculturas, en la música, en el caminar de los campesinos, en la risa de los niños. Algo muy terrestre, muy poderoso y muy refinado —aunque habite en el lodo y el polvo. Un esplendor no del todo apagado a pesar de que lo cubran las moscas y los piojos.

Durante cerca de seis meses no había podido escribir ni una línea. Hace unos días —aprovechando el ocio forzado de una enfermedad ligera— escribí dos poemas. Y antes, acabado de llegar, redacté las cinco páginas del prólogo a la famosa *Antología.* Acepté colaborar a regañadientes y ahora me arrepiento de mi debilidad. Por una parte, es imposible trabajar a distancia; por la otra, temo que acabará por prevalecer el espíritu de compromiso. Por querer darle gusto a todos, no se le dará gusto a nadie.

Acabo de leer tu ensayo sobre el sexo del arte. Me apasionó (iba a escribir: fascinó —pero no es ésa la palabra. La palabra es pasión). Valdría la pena ampliar y aclarar ciertas cosas. Por ejemplo: apenas tocas el tema del incesto y el del revolucionario. Otro tanto digo de los párrafos sobre el amor heterosexual y sobre la obra de arte como lugar en que aparece o encarna la presencia (esto último, por lo demás, es magnífico). No estoy muy de acuerdo con tu descripción del mundo infantil como reconocimiento.

Lo es pero también es, y sobre todo, autoconocimiento: narcisismo y autoerotismo. Además, la situación original no es el reconocimiento sino el desamparo: la orfandad. Somos permanentes huérfanos en busca de reconocimiento. Otra nota más: la prohibición, origen de las inhibiciones. Por todo esto la nostalgia de la infancia es autodestructiva —al menos si no se logra una suerte de *conversión*. Esa conversión —esa tentativa de conversión— son el amor y el arte. No veo al revolucionario en esta perspectiva pero sí al santo, profeta o como quieras llamar al hombre religioso. Me desvío. Lo único que quería decirte es que tu ensayo me hizo pensar y que Marie José y yo lo hemos discutido mucho. Es un escándalo que aún no hayas podido reunir tus ensayos en un volumen. A mí me parecen decisivos —los ensayos y su publicación. Busca —pero busca de veras— un editor. Yo, Fuentes, todos te ayudaríamos...

He leído los dos primeros números de *Mundo Nuevo*. Muy viva —incluso demasiado viva. Muchísima información y poquísima crítica. A veces se tiene la sensación de que les interesan más las actividades de los escritores que sus obras. La información, por otra parte, no es siempre exacta. (¿Quién es, en el primer número, ese "desaparecido presidente de la India" que ustedes llaman Krisna?) La nota editorial sobre el proceso de los dos escritores rusos me pareció un poco rara: ¿de veras les parece un *avance*? Es como encomiar a la guillotina porque es menos cruel que el garrote vil. Los cuentos son buenos, casi todos, y uno (el de García Márquez), magnífico. Las entrevistas, excelentes —aunque un poco largas. Algunos estudios son interesantes (el de Fernández Moreno, por ejemplo, pero, de nuevo, demasiado extenso). Faltan ensayos —no crónicas ni estudios— sobre la realidad y las obras latinoamericanas. Falta la crítica de libros. La poesía es deplorable. Publican poemas malos y los publican mal.

La poesía exige una tipografía más cuidadosa —un espacio más amplio. (Y ya que rozo el tema de la poesía: *dime*, *en serio*, ¿qué piensas de los poemas de Belli en el segundo número? Lo veo y no lo creo. ¿Una parodia o burla del lenguaje y los "ideales" de la poesía neoclásica o prerromántica? ¿Quintana *revisited*? ¿Los versos mal medidos forman parte del juego? Si eso es humor este polvo amarillo de Delhi que me abrasa las narices no es polvo sino nieve.) Tal vez mis críticas son exageradas. Debe ser efecto del calor. Pero la revista me interesa y me preocupa. Por eso te confío estas impresiones. Veo que ustedes quieren hacer una revista que sea para la lengua española (¿y portuguesa?) lo que es *Encounter* para la inglesa. Sería magnífico. Es lo que necesitamos (o una de las cosas que necesitamos). Pueden hacerlo: tienen talento, recursos, todo. Lo conseguirán más fácilmente si se libran de dos obsesiones que, en el fondo, son una: el temor de incurrir en la reprobación de la fantasmal izquierda intelectual latinoamericana y el deseo de dar una representación proporcional y equitativa —como dicen en la UNESCO— a todas y cada una de las repúblicas hermanas. Es miedo al qué dirán. Yo les aconsejaría —aunque nadie me pide mi opinión— mayor *despreocupación* y mayor *rigor*. No hay el peligro de que ustedes le "hagan el juego" a la derecha (para emplear el lenguaje rastrero y *anticuado* de los estrategas de café) pero sí están en el de caer en el fariseísmo habitual de los intelectuales "progresistas". O dicho de otro modo: la revista debe hacer frente a la nueva situación y no dejarse apresar por el viejo maniqueísmo. En cuanto al rigor: los textos buenos son más buenos que los textos de los buenos... Y no sigo. Me caigo de sueño.

Un abrazo,

Octavio

Nueva Delhi, 10 de octubre de 1966

Querido Tomás:

Contesto inmediatamente a tu carta del 7. Hoy pensaba, precisamente, escribirte. Por Sarduy y Fuentes (ambos, me parece, te admiran) me enteré de que pronto regresarías a México. ¿Qué pasó? ¿Te conviene realmente volver? A mí comienzan a asustarme los cambios. Como tú mismo dices, cada cambio nos paraliza por una larga temporada. Durante mi estancia en los Estados Unidos no escribí una línea y pasaron varios meses antes de que mi cabeza (o, más bien, mi mano derecha) pudiese fijarse sobre un papel. Me asusta también la idea de los manuscritos que acumulas. Tomás: debes publicar. Prosa y verso —porque en ti ambos se reflejan y se iluminan. Creo que todos tus amigos deberíamos empeñarnos en esto y convencer a los editores —convencerte, sobre todo, a ti.

No te había escrito porque en estos últimos tiempos he tenido poquísimo tiempo libre. He escrito algunos poemas, varios textos de encargo, etc. Además, la famosa *Antología* me ha hecho pasar muy malos ratos. Ni Alí ni Pacheco tomaron en cuenta mis sugestiones, observaciones e ideas, aunque durante todo el largo periodo de preparación del libro me dijeron (vía Orfila) que no tuviese cuidado y que "*las cosas se harían como yo quería*". Esta horrible fórmula me puso los pelos de punta y me hizo sospechar que había gato encerrado. Pedí un índice completo (poetas y poemas) y no lo recibí sino hasta que el manuscrito había sido enviado a la imprenta y el libro ya estaba próximo a salir. Renuncié por cable. Respuesta de Orfila: mi salida le causaría graves perjuicios a Siglo XXI. Como, en el fondo, no le faltaba razón, me resigné. Lo único que hice —para limitar un poco mi responsabilidad— fue escribir un prólogo que aclara un poco las cosas y exigir una revisión del libro. Esto último, por supuesto, es un remedio, un parche. Aparecen muchos poetas que a mi juicio no deberían figurar y la selección de poemas no me satisface. Todo esto lo presentía desde que acepté. Lo que ignoraba es que el "espíritu" del PRI ejerciese tal influencia en los escritores mexicanos. La crítica reducida a la categoría de componenda. Por supuesto, ni Aridjis ni Orfila tienen arte ni parte. Gracias al primero, pude conocer las pruebas del libro. Orfila también se portó bien, ya verás el libro.

Lo de la beca Guggenheim: haré, claro está, lo posible y lo imposible. Pero lo primero que tienes que hacer es *solicitarla* y dar el nombre de tres (¿o cinco?) "padrinos". Uno de ellos sería yo. Habla de nuevo con Max y dile que yo entraré en acción en el momento oportuno.

No, no iré a París en noviembre. Ignoro de dónde sacó Carlos esa idea. Pero si, a última hora, se presentase la ocasión (creo que esto es más bien remoto) yo te lo comunicaría, por cable o por carta. Dime adónde puedo escribirte.

Por lo que me dices, y lo que me cuenta Carlos, sospecho que ustedes siguen pensando en la revista. A mí la idea todavía me entusiasma, a pesar de que veo que se multiplican por todos lados las publicaciones. Me parece que es urgente explorar, *en serio*, las posibilidades de apoyo económico. Carlos me ha hecho varias sugestiones. A reserva de que yo me comunique con él directamente (le escribiré esta misma semana), dile que me envíe proposiciones concretas. A mi juicio, no debemos embarcarnos en esta aventura si no disponemos de fondos o de ayudas periódicas que garanticen la vida de la revista por dos o tres años. Además, hay que pensar que uno de nosotros (tal vez tú) debe vivir en buena parte del sueldo que la revista pueda darle. Necesitamos una persona* (algo así como jefe de redacción) que concilie y coordine el trabajo. Por mi parte, como te lo dije antes varias veces, estoy dispuesto a regresar a México (lo de El Colegio Nacional resuelve en parte mi problema económico) si el proyecto de la revista se vuelve realidad.

No he recibido *Mundo Nuevo,* excepto los dos primeros números. Dile a Rodríguez Monegal que me mande los otros números a partir del tres (inclusive). Mi artículo sobre Breton lo envié hace dos días. Supongo que ya lo habrán recibido. Pero lo que me gustaría que leyeras es ese poema de que te hablo más arriba. En cuanto tenga copia —por ahora lo entierro en un cajón y no lo releeré sino hasta dentro de dos meses— te enviaré una.

Un abrazo,

Octavio

P. D. No olvides lo de la Guggenheim. Creo que yo puedo ayudarte en eso... Marie José me dice que no olvide enviarte saludos en su nombre.

Olvidaba algo importante: si regresas a México, habla con García Ponce. Creo que tú y yo deberíamos hacer lo posible por lograr que Carlos y Juan se reconcilien. Toda división favorece al "Establecimiento".

* O sea: Tomás Segovia.

[Nota al pie de una copia de una carta enviada a James F. Mathias, Secretario de la John Simon Guggenheim Memorial Foundation, el 12 de octubre de 1966, recomendando a Tomás Segovia para la Beca Guggenheim.]

Querido Tomás:

Precisamente el día en que te escribí mi carta anterior, recibí una del Sr. Mathias en la que me pedía que le diera un nombre o dos de personas que podrían "merecer" *(sic)* una beca Guggenheim —en el campo de la literatura. Me apresuré a dar tu nombre. No di tu dirección porque eres un alma errante. El siguiente paso sería que tú escribieses (en inglés o en español) al señor Mathias y le confirmases que tú deseas hacer en serio tu solicitud. Te pedirán un programa de trabajo, un currículum, bibliografía, estudios, etc., y tres o cinco (no recuerdo) "padrinos". Uno, desde luego, sería yo. Dime si tienes en mente algunos nombres. Se necesita que sean personas más o menos conocidas —sobre todo por ellos. Por mi parte, para "impresionarlos", se me ocurre que, *además* de los nombres latinoamericanos, podríamos sugerir el de algún escritor de lengua inglesa. Algunos (como Spender y otros) son amigos míos y, aun sin conocerte, firmarían la recomendación. Todo esto lo podemos planear con calma. Lo importante es que hagas formalmente la solicitud.

Un abrazo.

Octavio

Dile a Carlos que esta semana le escribo

Nueva Delhi, 8 de noviembre de 1966

Querido Tomás:

Esta carta ni siquiera pretende contestar a la tuya. Es un signo apenas, para no perder del todo el hilo de la comunicación y para enterarte de algunas cosas. Te la envío a *Mundo Nuevo*, con la esperanza de que te la reexpidan a los Estados Unidos o a México —ignoro tu dirección actual.

Ante todo: te deseo buena suerte en México. Por lo que me cuentan y lo que entreveo, las cosas van de mal en peor —tanto en la política como en lo que llamaremos el mundillo literario. Tengo curiosidad por conocer tus impresiones de nuestro Ombligo de la Luna (uno de los antiguos nombres de México-Tenochtitlán).

Tus publicaciones: ojalá que al menos tu regreso sirva para convencer a los editores de la *necesidad* de publicar tu poesía y tus ensayos. Dos cosas quizá podrían ayudarte (indirectamente). La primera es la *Antología de la poesía latinoamericana* de Aldo Pellegrini publicada por Barral. El libro no es bueno pero es valiente y cumple en parte con su propósito. Comprende a unos cuarenta autores (digo autores, no poetas), entre ellos cinco mexicanos y entre esos cinco estás tú. Es algo así como ese "reconocimiento" en el extranjero que ahora tanto interesa a críticos y editores. La segunda es *Poesía en movimiento*, la "antología" o más bien recopilación que preparamos Chumacero, Pacheco, Aridjis y yo. Como temía, Alí —ayudado por Pacheco— se salió con la suya, aunque no enteramente: si no pude evitar la aparición de muchos nombres, al menos pude cambiar *un poco* la selección de poemas y escribir un prólogo en el que digo (o doy a entender) lo que pienso realmente. En tu caso, logré que se aumentase el número de tus poemas, aunque no en la proporción y de la manera que yo hubiera querido. Además, procuro "situarte" en el prólogo. Hago lo mismo en uno de los textos de *Puertas al campo* (un nuevo libro, gemelo o continuación de *Las peras del olmo,* que debe andar ya por las librerías y que ha sido editado por la Universidad). Valdría la pena que explorases de nuevo las posibilidades de publicar con Orfila, Joaquín, ERA y la Universidad.

La beca: te propuse ya a la Guggenheim. Me contestaron diciéndome que, casi al mismo tiempo, Max Aub también te había propuesto. Creo que no será difícil que te la den. Tus padrinos: Lida y Monegal me parecen excelentes. No sé si Alatorre, al que aprecio mucho, tenga "peso" para esos señores. A Carlos Blanco (?) lo conozco apenas y no me gusta lo que escribe —ni sus temas (remacha con el eterno Unamuno) ni su estilo o lenguaje...

La revista: he escrito a Carlos una larga carta, ya no "teórica" sino "práctica". Espero su respuesta para iniciar en serio lo más urgente: la búsqueda de centavos. En principio, le he propuesto lo siguiente: revista mensual, tal vez en forma de periódico (como el suplemento literario del *Times* de Londres o algo así), con tres directores sin sueldo (tú, él y yo) y un jefe de redacción con sueldo (tú o él). Revista de crítica creadora y de creación crítica, abierta al exterior pero fundamentalmente atenta a lo que pasa en los países de lengua española y portuguesa (la dimensión brasileña es indispensable).

Noticias locales: omití contarte todo lo que pasa. Ayer hubo diez muertos en una manifestación de hindúes (en el sentido religioso: no indios), acaudillados por los sadúes (entre ellos un centenar de Nayas, ascetas totalmente desnudos pero armados de tridentes, arma de Shiva, con los que agredieron a la policía) y por el Jan Sangh (partido de extrema derecha, muy popular entre la clase media, los campesinos y todos los devotos o, como aquí los llaman, "ortodoxos"). Pedían que el gobierno decretase la prohibición *absoluta* de matar vacas (el rastro es una actividad en manos de los musulmanes). Hay 250 millones de vacas (el 90% no dan leche, se comen todo el pasto y son una de las causas de la erosión) y dentro de 10 años serán 400 millones, ya que se reproducen a un ritmo mayor que los humanos (vacas: 6%; humanos: 2%). Mientras tanto, en Bihar y en otros estados reina el hambre —no la desnutrición: el hambre, el comer raíces y gusanos. Según parece, han muerto ya 14 personas. Un inmenso campo de concentración —no la obra de un Hitler o de un plan de exterminio sino de la *ausencia* de plan. Un dato curioso: en la jungla también hay hambre y sed y hace unos días un elefante detuvo en plena carretera a un camión; cuando el chofer paró el coche, salieron de la espesura otros cinco elefantes (hembras y crías) que se comieron todo lo que había y destruyeron el camión —exactamente como los manifestantes de ayer. El chofer y los ayudantes huyeron, aterrados... Bueno, no sigo. Vuelvo a mis pequeños asuntos. Terminé el poema y ahora, al releerlo, me doy cuenta de que podría llamarse *Los signos en rotación*. El texto contiene varias lecturas, varios significados y, quizá, un solo sentido: silencio. Tiene 300 líneas, no tiene aún título y lleva un epígrafe de Mallarmé que quizá oriente al lector: "ce seul objet dont le Neánt s'honore". Para mí, ese objeto es el lenguaje, la palabra, horror del silencio significante. Mi idea: el poema no es una máquina de significaciones, como yo creía, sino una máquina de significar. El lector es el operador, el encargado de obtener las significaciones... También terminé un ensayo largo sobre Duchamp (50 páginas) en el que, por cierto, aludo a tu observación acerca de la desvirilización de los enamorados. Ahora pongo en orden mis notas para escribir algo sobre Lévi-Strauss. Con ese texto habré terminado, al fin, *Corriente alterna* y podré dedicarme a mi viejo proyecto: escribir algo sobre el erotismo y el amor —que no son lo mismo.

Escríbeme desde México. Marie José te envía mil saludos. Y yo, un abrazo,

Octavio

Nueva Delhi, 29 de noviembre de 1966

Querido Tomás:

Contesto inmediatamente a tu carta. Me parece magnífica la idea de lograr el patrocinio de El Colegio de México. Su ayuda sería importante en dos sentidos: por ella misma y porque de ese modo no nos presentaríamos totalmente "en cueros" ante las fundaciones y editoriales gringas. Creo que la reacción de Carlos será semejante a la mía. Por mi parte, puedes iniciar desde luego esa gestión... Me alegra que Alatorre intervenga en el asunto y me alegra también que Urquidi (no lo sabía) sea el nuevo director de El Colegio...

No me extraña tu reacción ante los Estados Unidos. La comparto a medias. ¿No crees que juzgar a una sociedad por sus "relaciones de parentesco", como diría Lévi-Strauss, no es demasiado equitativo? Por una parte, no hay una familia natural o biológica, universal y válida para todas las sociedades; por la otra, tu "modelo" de familia no es, quizá, del todo aplicable a los Estados Unidos. Pero coincido contigo en que los Estados Unidos son, a un tiempo, poderosos y débiles —niños gigantes. La causa de su infantilismo no puede ser la orfandad porque los huérfanos son niños precoces, niños viejos. Tampoco creo (en eso tienes razón) en el matriarcado yanqui. Allá las mujeres más bien son amazonas... Tu desencanto ante México me produce cierto escalofrío. Para mí, el país guarda aún su prestigio siniestro, su fascinación repulsiva. Si la ha perdido (y, sin duda, no te equivocas) quiere decir que la Revolución mexicana ha triunfado (al menos en las ciudades) y que pronto nos convertiremos en una nación moderadamente "civilizada", casi próspera —y mediocre. La suerte de todos los países marginados: la excentricidad (magia y harapos) o la medianía. Me dicen que algo semejante ocurre en España, Grecia e inclusive en ciertos países "socialistas" como Hungría y Polonia. Y en escala menor, en otros que ya gozan en Oriente de una prosperidad mínima, como el Líbano y Tailandia. ¿Nuestro destino será ser Nueva Zelanda o Dinamarca?

Envíame *Anagnórisis*. Por mi parte, quiero consultarte algo: terminé, hace varias semanas, un largo poema (creo que te hablé de esto en cartas anteriores) y ahora se me ha ocurrido un título: *Como nada*. Las dos palabras se oponen y se completan: *como* es una de las palabras más poderosas de la lengua (de todo idioma) porque es el eje que hace posible el movimiento y la permutación, el funcionamiento del pensamiento simbólico: todo es *como* o gracias a *como*, desde las instituciones y los mitos hasta las ciencias (una fórmula matemática es *como* las relaciones reales del fenómeno: es un sistema de símbolos). *Nada* es un contrario absoluto: es incomparable, irreductible a todo sistema de simbolización. *Como* es el centro de la actividad del ser, su movimiento y su metamorfosis; *nada* es la otra cara del ser, la fijeza, lo que está más allá del acto y del pensar. *Como nada* es un contrasentido que, de todos modos, encierra un sentido: ser como esto o aquello es maravilloso pero posible; ser como nada es una manera de apuntar a *otra cosa*, designa un más allá que es también un aquí porque como y nada se contagian de sus propiedades contrarias. *Como nada*, además, es insólito... Pero no necesito explicarte tantas cosas. Lo que te quiero preguntar es lo siguiente: puesto que *como* también es el presente del verbo *comer*: ¿no hay peligro de confusión, no resulta demasiada fea la unión de estas dos palabras, no hay el riesgo de que se interprete la frase como "comer nada"? En español, es cierto, nadie dice: como nada —en todo caso, *yo no como nada*. De todos modos, hay cierta ambigüedad. ¿Qué piensas, cuál es tu opinión? Además, no me gusta enteramente el *son*: demasiadas *m* y *n*, demasiadas *a* y *o*. En inglés o en francés resulta mejor: *Like Nothing, Comment Rien*... ¿O sería mejor dejar el título en inglés? Ojalá que tengas un rato libre y me escribas, pronto, dos o tres líneas sobre esto.

Puertas al campo es un libro desigual. Sin embargo, salvo dos cosas: lo de Guillén y, sobre todo, "Risa y penitencia". Desde otro punto de vista, que no sé si llamar "científico", las Dos Apostillas. ¿Qué dirán nuestros antropólogos, arqueólogos y críticos de arte? Estoy ahora escribiendo un largo texto sobre Lévi-Strauss y he terminado un ensayo (casi una monografía: 50 páginas) sobre Duchamp.

Un abrazo,

Octavio

Hikkaduwa, 11 de enero de 1967

Querido Tomás:

Te escribo desde un lugar encantado de la costa del sur de Ceilán y que, a pesar del hotelito moderno que habitamos y de la docena de turistas griegos y europeos que lo pueblan, no despierta de su encantamiento. No sé si recordarás que hacia esta época, hace dos años, te escribí también de Ceilán —de Closemberg (Galle), otro sitio maravilloso a unos cuantos kilómetros de aquí. Closemberg está sobre el promontorio de un cabo y desde ahí veíamos el golfo de Galle, el pueblo, un templo budista, una iglesia holandesa del XVII y, en el otro cabo, la imponente fortaleza de piedra amarilla construida por los portugueses y los holandeses. Cerca de nuestro *bungalow* hay una pequeña ensenada solitaria a la que se baja por un sendero de rocas, helechos y lianas. Entre la maleza hay una peña manantial que utilizaban en el siglo XVI los barcos portugueses para aprovisionarse de agua. El sitio todavía se llama Buona Vista. Por desgracia, no nos fue posible conseguir el *bungalow* de Closemberg. No perdimos mucho en el cambio porque Hikkaduwa, aunque menos pintoresco, no es menos hermoso: una vegetación que daría envidia al aduanero Rousseau, un mar de tal modo transparente que el lenguaje del mismísimo *Cementerio marino* resultaría opaco para nombrarlo, una playa dorada como una canción de Lope de

Vega, bandadas de cuervos negros y de unos pájaros grises y blancos parecidos a las gaviotas, de vez en cuando un martín pescador —verdadero zafiro con alas—, las barcas negras de los pescadores (catamaranes) —ellos son más negros pero sus redes son verdes, amarillas y rosas—, los irreales y cinematográficos cocoteros, el gran árbol del pan (un mito al alcance de la mano), el árbol del templo* y sus flores blanquísimas y frente a nosotros, entre olas azules y verdes y una espuma más blanca que el azúcar y la sal, un semicírculo de peñascos negros —la isla de *Circé*, dice Marie José. En el centro de un semicírculo un jardín de coral: encarnado, morado, jaspeado y a trechos blanco como un jardín de hueso. Todo esto linda con los paraísos de tarjeta postal pero asimismo con la imagen de la edad de oro —una imagen que no cesa de perseguirme desde la adolescencia y que tal vez haya sido la causa profunda de mi afecto por André Breton. Aquí se nos ofrece un "pan de verdad" y al comerlo lo compartimos contigo. Es un pan hecho de luz y tiempo encantado —ese tiempo que no transcurre y que, no obstante, cambia y es distinto cada instante.

No me dices lo que realmente piensas de *Como nada*. Sospecho que no te gusta. Aunque yo ignoraba que la impresión fuese hoy de cuño corriente —eso no sería razón para desecharla como título— he cambiado de idea. Seguiré buscando o, mejor dicho, explorando. El título aparecerá el día menos pensado.

¿Leíste ya *Puertas al campo*? Las erratas abundan y esto me ha predispuesto contra ese libro. Pero me doy cuenta de que se trata de un pretexto. Ni son tantas ni son graves. Lo que me irrita son mis faltas y fallas. Varios textos son inútiles y no sé por qué los recogí. Otros están mal desarrollados, por ejemplo, "Asia

* En francés: *frangipanier* y en español... ¡lo he olvidado!

y América". Acabo de hacer un viaje por el sur de la India y al ver de nuevo las esculturas del periodo Pallava (siglos VII al IX de nuestra era) me pareció evidente un parentesco con las obras mayas. No se trata, por supuesto, de influencias ni de contactos históricos —la cronología impide, *por ahora*, pensar en esa posibilidad—, sino de una misma concepción del espacio y de la forma, una visión estética que se nutre en las mismas fuentes. El parecido es estético y *físico* —quiero decir: una concepción semejante y un tipo racial de belleza idéntico, como dos fotos de unos gemelos, cada uno en un paisaje distinto y vestido de manera diferente. Creo que no está lejano el día en que podrá probarse que, además del parentesco con la China preconfuciana (ya aceptado universalmente), el arte mesoamericano tiene una relación estrecha con el del sudeste asiático (India del sur, Cambodia, Indonesia y, en menor agrado, Ceilán). La diferencia consiste en que en América no hubo influencia del norte de la India, una civilización que a su vez sufrió la influencia perso-helénica. Como en México la tesis oficial es la de la autoctonía absoluta de las civilizaciones americanas —una tesis que resiste cada día menos a las pruebas, internas y externas, de la crítica— no creo que los especialistas comenten mi artículo. Tampoco les habrá gustado mucho "El punto de vista náhuatl". Te confieso que ese texto sí me gusta y que lo que ahí digo me parece, a un tiempo, válido y sólido. Otro texto que también me gusta, por su escritura y por sus ideas, es "Risa y penitencia". Es el mejor del libro. En la parte dedicada a la literatura, salvo también a dos artículos: la nota sobre Guillén y el comentario al poema de Apollinaire. En cambio, condeno a "El precio y la significación". Es un texto informe, abigarrado e inexacto. Lástima, la idea era buena: el precio *es* la significación.

¿Qué te parece *Poesía en movimiento*? Subrayé en el prólogo la idea de cambio con ánimo polémico y tal vez me excedí. El libro es un compromiso y de ahí que haya cedido a la tentación de exagerar. Yo habría propuesto una antología de 25 o 30 poetas solamente: 15 mayores, de Tablada a ti, y 10 jóvenes, de Montes de Oca y Zaid a Pacheco y Aridjis. Pero no me arrepiento de haber colaborado pues me parece que el libro da una idea bastante completa de la poesía mexicana. En conjunto, no me parece inferior (nuestra poesía) a la española o a la argentina. Posee mayor continuidad que la primera —después de Lorca y Cernuda en España hay pocas obras que valgan la pena— y es más rica y de mayor alcance —hacia arriba y hacia abajo, altura y profundidad— que la segunda. Otro mito que quizá ese libro contribuirá a disipar: la creencia en que la poesía hispanoamericana termina con Vallejo y Neruda. Un "misterio" irritante: ¿por qué los mexicanos tienen tanta fe en su pintura mural y tan poca en su poesía? La respuesta está en *Poesía en movimiento:* frente a una pintura que declama, una poesía que se niega a concebir el lenguaje como discurso —excepto, como en el caso de Gorostiza, si es un discurso que se niega a sí mismo. Una pintura que se *apoya* en el lenguaje y en el lugar común, nos tranquiliza inclusive si se pretende revolucionaria; una poesía que es ante todo crítica del lenguaje, nos inquieta y nos desespera: pone en entredicho a la comunicación, es decir, a la sociedad.

Me imagino que a mi regreso a Delhi me encontraré con tu manuscrito. ¿Son únicamente poemas o los acompaña, a los poemas, una suerte de comentario? Es urgente que publiques pronto tus dos libros de poesía y el de ensayos. Tú necesitas verlos publicados para *confirmarte*, para saberte a ti mismo: nosotros los necesitamos para descubrirte y reconocerte. Pero es mejor invertir los términos: reconocerte y descubrirte, porque todo reconocimiento es un descubrimiento... Otra pregunta: ¿cuáles son tus proyectos personales? ¿Tu regreso a México es definitivo o aguardas sólo el anuncio de la Guggenheim para volver a salir? *Por favor, no dejes de contestarme a esto*. En cuanto a mí: sin duda iré a México este año pero aún no sé cuándo. Mi idea es ir, dar las conferencias de El Colegio Nacional, enseñar el país a Marie José, explorar el terreno y volver a Delhi, ya sea para quedarme allí unos años más o despedirme para instalarme definitivamente en México. Todos esos proyectos, como tú comprenderás, son nebulosos aún. En todo caso, la revista y la colaboración contigo y con Carlos Fuentes es uno de los elementos de la decisión que adoptaré... Y puesto que hablo de colaboración amistosa e intelectual: sé que tus relaciones con Zaid son más bien lejanas. Es una lástima. Aparte de que le tengo gran aprecio personal, me parece un escritor de extraordinaria inteligencia, penetración y sensibilidad. Su colaboración —en la revista o en cualquier otra empresa semejante— es indispensable. No propongo, por supuesto, que forme parte del comité —creo que basta con nosotros tres: tú, Carlos y yo— sino que sea uno de los colaboradores asiduos. A mi juicio, debemos distinguir entre dos grupos de colaboradores: los permanentes y los ocasionales. Entre los permanentes propongo, en primer término, a Zaid... Aquí corto. Me he extendido demasiado y he dicho pocas cosas. No olvides mi pregunta: ponme al corriente de tus planes y dime en qué ha parado lo de la beca Guggenheim.

Marie José te manda un saludo que, con el mío, son dos y...

Un abrazo,

Octavio

P. D. Terminé ya el ensayo sobre Lévi-Strauss. Formará, con el de Duchamp, un librito —otra vez sin título. ¿Qué te parece *Díptico*? Se trata de un díptico sobre la significación —o sea sobre aquellas preguntas que Buda se negó a contestar; ¿porque carecían de sentido o porque el lenguaje no puede contestarlas? ¿La significación no tiene significación o el lenguaje no tiene sentido? Como ves, el tema de los dos ensayos no es otro que el de mi poema sin título —puesto que *Como nada sí* tiene sentido, un sentido común.

Nueva Delhi, 28 de febrero de 1967
Embajada de México

Querido Tomás:

Unas cuantas líneas para no interrumpir la conversación y recordarte que me debes una carta. Me interesa muchísimo que me digas en qué ha parado tu proyecto con respecto a la Guggenheim. Tampoco me has dicho una sola palabra acerca de las posibilidades de la revista. Tu silencio me da a entender que has encontrado los obstáculos que yo me imaginaba... Por último, ¿sabes algo del Congreso Latinoamericano de Escritores? Fuentes me dice que no han invitado a Cortázar ni a otros muchos amigos. Yo no asistiré... Escríbeme, por favor, y cuéntame todo lo que pasa.

Un abrazo,

Octavio

P. D. Por lo visto, la omisión de Cuesta en *Poesía en movimiento* le ha parecido a varios amigos "un crimen". ¿Es todo lo que pueden decir sobre ese libro?

Nueva Delhi, 18 de abril de 1967
Embajada de México

Querido Tomás:

¿Recibiste mi carta?

¿Qué pasa? Te confieso que tu silencio me hace pensar lo peor —algún equívoco, un *misunderstanding*... aunque no veo cómo ni de qué manera. En todo caso, lo lamentaría de verdad. O tal vez tú estás ocupado, distraído, absorto —qué sé yo. Ojalá que puedas disipar todo esto con unas cuantas líneas.

Afectuosamente,

Octavio

Nueva Delhi, 15 de mayo de 1967

Querido Tomás:

Tu carta me deprimió. También me irritó. La melancolía no es mi especialidad. Tenemos la culpa de lo que pasa —y de lo que nos pasa. Apenas es el principio y, si no reaccionamos y nos unimos, nos enfrentaremos a cosas peores. Sobre esto te diré lo que pienso más adelante. Ante todo, contesto a la parte más personal de tu carta. Preveía tu lento girar en el torbellino-remolino-tolvanera de México. La lenta asfixia del altiplano, el rito de la petrificación. El destino de los mexicanos es ser monumento público, momia o cascajo desparramado. El monolito o la pulverización... No sé qué decirte ni qué aconsejarte —me refiero a la situación material (sobre lo otro que me cuentas, más íntimo, ni puedo ni me atrevo a decir nada). Ignoro si tu decisión es quedarte o si persistes en lo de la Guggenheim. Yo he vuelto a escribir...* Por cierto, tu tendencia al monólogo no es menos fuerte que la mía. Ni contestaste a mi pregunta sobre este asunto ni me has dicho qué piensas de *Puertas al campo* y de *Poesía en movimiento*. Entre paréntesis: no comprendo tu interés en Lefebvre —fue uno de aquellos que encontraban "genial" el lenguaje gris de Stalin. Recuerda: toda el agua del mar no es suficiente para lavar una gota de sangre *intelectual*...

* A la Guggenheim.

El lío universitario no es sino un nuevo episodio, una vuelta más de la tuerca. Se trata de estrangular a la *imaginación crítica* —que es la forma por excelencia, en nuestra época, de la imaginación creadora y que, además, es la única crítica de verdad crítica y de verdad peligrosa. (Es capaz de criticarse a sí misma.) Son habilísimos y pacientes como arañas. Nuestros viejos conocidos, Huichilobos y Torquemada, se han convertido en una gran araña virtuosa. Además, como siempre, la espontánea confabulación de los mediocres, los resentidos, los acobardados y los que tienen vocación de criados. Entre estos últimos un aspirante a menino del mandón en turno. La ofensiva no es "ideológica": la izquierda oficiosa y la oficial coinciden con la derecha. No sé qué me apena más, si la decadencia de la izquierda o la de la derecha. Echo de menos a Vasconcelos tanto o más que a Cuesta o que a... No, no encuentro ningún nombre de la izquierda que pueda compararse con estos dos. ¿Has reparado en que el pensamiento mexicano de izquierda carece de dientes y uñas? Habría que ir al siglo XIX —Ramírez, Mora, Zavala— para encontrar a alguien que sea un "panfletista" como lo fue Vasconcelos y, en cierta medida, Cuesta. Nuestra izquierda ha sido amputada dos veces —y las dos por una revolución triunfante: el PRI y el estalinismo. Bueno, me desvío. Lo que quería decirte es que la operación de la araña impersonal tiene por objeto transformar la vida intelectual y artística a la imagen y semejanza del PRI. Somos una excepción que debe suprimirse. Y esto me lleva a comentar un nuevo episodio: el Congreso Latinoamericano de Escritores. Por distracción, pereza o inconciencia, Pellicer entregó la organización de esta reunión a Mauricio Magdaleno y a sus escribanos. Lo que pudo ser una conferencia de escritores libres será otro acto oficial. El abrazo de dos burocracias, la nacional y la latinoamericana. Asunto para un mural de Siqueiros: el encuentro entre Pablo el Rojo y Jaime el Florido. Un genio protector me inspiró a tiempo y no acepté la invitación que me hicieron por trasmano, con ganas de que no aceptase. Fuentes me dice que él tampoco asistirá aunque no me aclara si recibió o no invitación. En cambio, me cuenta que *no* invitaron a Cortázar, García Márquez, Onetti y otros muchos. Mi negativa obedeció a razones de orden personal. Iré a México en el segundo semestre de este año y, naturalmente, no puedo permitirme el lujo de dos viajes —ni siquiera si me pagan uno: tengo que terminar varias cosas pendientes.

Los ceses de García Ponce, Batis, Melo y De la Colina son lamentables pero, en parte, se lo merecen. Fueron víctimas de una pequeña "hibris" que los llevó, por ejemplo, a atacar a Fuentes sin ton ni son. Fomentaron la desunión y muchas veces dieron armas a nuestros enemigos —que son los suyos. Los artículos de Batis casi siempre *favorecen a los otros*. Por ejemplo: la antología de Pellegrini y *Poesía en movimiento*. El prólogo de Pellegrini no es un modelo de información (ni de crítica ni aun de sintaxis) pero su selección es bastante representativa, aunque haya incurrido en omisiones e inclusiones no siempre justificadas, sobre todo en el caso de Venezuela. Batis condena el libro sin enterarse siquiera del propósito de Pellegrini y con un criterio mezquinamente nacionalista. Así les dio la razón a los que quisieron destruirnos, como Leiva y los demás resentidos. Lo de *Poesía en movimiento* fue peor: en su nota —mal escrita, deshilachada— lo único que se le ocurre decir es ¡que falta Cuesta! García Ponce me hizo el mismo reproche. La verdad es que esa omisión —lamentable pero no esencial: Cuesta no es un gran poeta— les sirvió para *no* comentar el libro y así condenarlo con mayor facilidad. ¿Por qué atacar a Aridjis, Mondragón y otros jóvenes y callarse ante Torres Bodet, Nandino y otros que me "impusieron"

Chumacero y Pacheco? Ni Batis ni García Ponce se han tomado el trabajo de reflexionar durante cinco minutos sobre el sentido de ese libro que, a pesar de su eclecticismo, muestra que hay, de todos modos, una tradición poética en México distinta a la que nos ofrecen las antologías y las historias de la literatura. *Poesía en movimiento* les habría dado una oportunidad —inclusive (y sobre todo) al señalar sus concesiones y debilidades— para defender *nuestro* punto de vista. No, hicieron todo lo contrario... Cito a Batis y a García Ponce pero podría decir lo mismo de casi todos los futuros miembros de ese hipotético grupo que propones. Todos se han portado de una manera igualmente caprichosa, egoísta y miope. No pido, claro, unanimidad ni complicidad. Al revés: pido crítica —verdadera, leal, rigurosa y apasionada. Pido coherencia y consistencia —no me interesa saber con quién están sino *con qué*: ¿cuál es su "idea", qué quieren? Acabo de leer dos excelentes artículos de García Ponce,* uno sobre Cuesta y Villaurrutia, otro muy valiente y exacto sobre los premios de literatura y pintura. Necesitamos esa clase de crítica —no los pequeños ataques contra este o aquel poeta joven.

Dicho todo lo anterior —y tenía que decirlo— creo que la revista es indispensable y que *debe ser una revista de batalla*. Me parece que es imposible soñar en una gran revista —implica demasiadas concesiones y compromisos. Te contesto con una suerte de gaceta, parecida al *New York Review of Books* —aunque con una tipografía más decorosa. Una publicación mensual. No bibliográfica pero sí *crítica*. No creo que resulte muy cara y entre todos podríamos sostenerla, sobre todo si Orfila o Joaquín acceden a distribuirla. (Es lo menos que podrían hacer —y no dudo

* Por cierto: mándame tu carta y los demás "documentos" del lío universitario.

que lo harán.) El núcleo: tú, Fuentes y yo. Una revista hispanoamericana y que agrupe a los supervivientes de mi generación (Lezama Lima, Cortázar, Parra, Molina), a la generación de ustedes dos (Fuentes y tú) y a los jóvenes. Una publicación inspirada por una idea en la que todos estamos de acuerdo: en nuestro tiempo la imaginación es crítica. Hoy he escrito a Carlos para proponerle lo mismo. ¿Qué te parece mi solución? ¿Cuánto crees que costaría?

Espero tus poemas y tus noticias. Un gran abrazo,

Octavio

Perdona la prisa, la mala letra y el mal humor. Para colmo: tengo un catarro terrible, fiebre y corrijo el manuscrito de *Corriente alterna*...

Más sobre *Poesía en movimiento:* la actitud de la "crítica" y de los jóvenes, para no hablar de la de los amigos, me ha desconcertado: ¿hablamos el mismo lenguaje, vivimos en la misma época, México es realmente mi país? Siempre me he sentido solo —nunca me importó ni me importa. No me incomodaron ni el silencio ni las notas y notitas insignificantes sobre *Puertas al campo* (un libro desigual, en el que hay de todo, aunque se les escapó un ensayo que es una de las pocas cosas que no me arrepiento haber escrito: "Risa y penitencia"). Pero *Poesía en movimiento* merecía, exigía, una atención más rigurosa y generosa. No es un libro personal: es un intento por rescatar del caos y la indiferencia unas cuantas obras que, a su vez, juntas, forman *otra obra*: el libro *que hemos hecho entre todos* en lo que va del siglo. Leer *Poesía en movimiento* no como un conjunto de poemas sino como un solo texto, un solo poema con variaciones, rupturas, regresos, prolongaciones. Eso es lo que yo quise hacer y lo que esperé que alguien viese. Y no se diga que una cosa fue la idea que yo me hice del libro y otra el libro que realmente hicimos. Las concesiones —mayores que las omisiones: no falta *nadie* y sí sobran muchos— no son de tal modo importantes que impidan ver el verdadero texto, percibir la corriente central. En mi prólogo señalo cómo debe leerse ese libro, qué poetas constituyen realmente la tradición y qué poemas forman el "auténtico" *texto*. No me extraña la reacción de aquellos que ven en ese libro algo contra ellos —tienen razón; me extraña la actitud de los que no han visto que *Poesía en movimiento* es un libro *para ellos* y *por ellos*.

Nueva Delhi, 18 de mayo de 1967

Señor Tomás Segovia,
Edificio Condesa T-5,
Mazatlán y Agustín Melgar,
México, D. F., México

Querido Tomás:

Recibí *Anágnorisis.* No estoy muy seguro si puse bien el acento. Le he dado una primera leída y creo que necesitaré leerlo varias veces. Como *obra*, quiero decir: como totalidad, me entusiasma y me da vértigos. Pero tú me pides una crítica detallada y eso requiere más tiempo y una lectura de otro tipo. Por lo pronto te digo que el "bloque" me parece ser la imagen del verdadero poema extenso. Te diré más adelante lo que pienso de las distintas partes, especialmente de las canciones. Veo que inconscientemente hablo en términos de escultura y arquitectura y que tú te expresas en términos de música. Tal vez sea esto lo que nos distingue. Lo del título: en principio no me parece mal hablar en griego aunque encuentro que *Anagnórisis* es una palabra de difícil pronunciación, al menos para mí. Pero es un acto de valentía el atreverse a lanzarse a la calle con ese título.

Esta carta, además de acusarte recepción de tu manuscrito y decirte mi primera y entusiasta reacción (aunque no ligera sino *muy profunda*) tiene por objeto principal plantearte un problema y hacerte un reproche. Empiezo por lo segundo: no has contestado a nada de lo que te hablaba en mis últimas cartas, tanto por lo que se refiere a lo de la Guggenheim (ya mandé mi opinión sobre ti) como acerca de los otros temas que te he tratado: revista, situación general de la literatura mexicana, etcétera.

El problema: iremos a México Marie José y yo a fines de julio. Entre otras cosas, debo ingresar a El Colegio Nacional y dar una serie de conferencias. Serán sobre la obra de Lévi-Strauss y para ello utilizaré el librito que he escrito sobre el tema y que publicará Mortiz este año. Para aligerar la cosa y, sobre todo, para introducir un poco de aire fresco en El Colegio Nacional, he pensado que una de las conferencias, la última, debe ser una mesa redonda en la que participen cuatro jóvenes: un antropólogo, dos poetas con sensibilidad crítica y un filósofo. O sea: Segovia, Zaid y Villoro. No estoy seguro sobre este último y me gustaría conocer tu opinión. También me gustaría saber si tú conoces a un antropólogo mexicano *que sea capaz de hablar* de estructuralismo con conocimiento y cordura. ¿Qué te parece mi idea? ¿Estás dispuesto a participar en esa mesa redonda? ¿Se te ocurren nombres distintos? *Todo esto es ultrasecreto y te suplico que no digas a nadie una sola palabra*. Inclusive El Colegio aún no aprueba mi idea y yo me guardaré bien, hasta el último momento, de decir los nombres de ustedes. De otra manera los asustaría.

Contesta a vuelta de correo.

Un abrazo,

Octavio

Nueva Delhi, 27 de mayo de 1967

Querido Tomás:

Te escribo de nuevo porque me parece que mi carta anterior, escrita a la carrera, no expresó bien todo lo que sentí y pensé al leer *Anagnórisis*. Como, de nuevo, no tengo tiempo para una crítica detenida,* te diré en unas cuantas líneas mi reacción. Por su extensión, tono, estructura y *fatalidad*, tu poema se inserta con naturalidad en la tradición de algunos grandes poemas nuestros. No pienso en *Machu Picchu* ni en *Muerte sin fin* sino en *Altazor* y en *Espacio*. Es un poema que es una declaración de fe o, más bien, el relato de un viaje espiritual. Ese es el gran tema de la poesía de Occidente, desde Dante hasta Rimbaud. El modelo o contrapartida de tu poema es la música sinfónica y esto, que le da nueva complejidad, también señala tanto tu tradición como tu propósito, la dirección a que apunta tu obra. Sobre todo esto no diré más, porque no es necesario. Ahora, por lo que toca a la realización: "Interludio idílico" y "Señales y pronunciamientos", por su carácter mismo (unidades con cierta independencia dentro del conjunto), apenas si necesitan, aquí y allá, levísimas revisiones. Por cierto, el final no escrito de la Coda debe ser breve:

* Preparamos el viaje, el calor es inhumano y la burocracia me estrangula con sus insidiosas redes, reglas y leyes...

es un texto de gran intensidad y prolongarlo sería neutralizarlo. Yo añadiría a lo sumo unas 15 o 20 líneas más. No hay que tratar de decirlo todo. Hay que dejar al lenguaje (y al lector) que diga algo por nosotros. Tal vez lo esencial, lo que nosotros no podemos decir. Y esto me lleva al "Preludio" y a las "Canciones". El "Preludio", como discurso que no cesa, es extraordinario y tiene, además, varios pasajes aún más extraordinarios, como el del mar y el final. Sin embargo, yo suprimiría sin misericordia algunas reiteraciones, frases explicativas o admirativas o sentimentales, líneas aisladas, adjetivos o sustantivos, imágenes fáciles y casi todos los "¡ah!" Nada esencial. Tú verás eso mejor que yo, al releer tu texto. Con las "Canciones" el rigor debe ser mayor. Yo suprimiría tres o cuatro (por ejemplo: "Canción de la lluvia", "Al amor" —demasiado elocuente—, "Canción de los días"). La de las brujas, muy impresionante, exige algunos cortes. En suma, yo revisaría el "Preludio" y las "Canciones" y, sin tocar la estructura ni alterar el movimiento verbal de esta parte, suprimiría ciertas cosas. En realidad, lo que te sugiero —para continuar usando la metáfora de la música— es que concedas mayor valor a las pausas y al silencio. Dicho en términos de arquitectura: un poco más de aire. O de pintura: el espacio en blanco es parte del cuadro... Es lástima que no pueda escribirte con mayor holgura. *Pronto nos veremos en México y hablaremos con más calma.* Has escrito algo que ha estremecido a "los anales diáfanos del viento", a la palabra impalpable que duerme (¿pero realmente duerme?) en las palabras de nuestro idioma.

Octavio

No olvides contestar a mi carta anterior.

Nueva Delhi, 29 de mayo de 1967

Querido Tomás:

Precisamente una hora después, más o menos, de haber despachado la carta que te escribí ayer, recibo la tuya. Todo se explica: una nueva jugada del correo. No le eches la culpa al mozo de la oficina: aparte de tus dos cartas, últimamente se perdió otra que dirigí a mi madre y otra más a Givaudan. Es el correo de la India pero probablemente también el de México. *Tout se tient*... Contesto ahora a lo que me cuentas.

Mesa redonda. No sabes qué alegría me da saber que aceptas. Coincido en tu juicio sobre Villoro y mañana mismo le escribo para invitarlo. Pero lo que me cuentas de los antropólogos mexicanos me desconcierta. Lo malo es que si no invito a un antropólogo, ¿a quién invito? Al leer tu carta, se me ocurrió Alatorre. Sólo que no es propiamente un lingüista... Dime lo que piensas. *Y recuerda que todo debe ser un secreto hasta que El Colegio no apruebe mi idea.*

Revista. Tu presupuesto me horroriza. Piensa que además de la impresión y el papel, hay que prever otros gastos: secretaria, local, teléfono, correos... y pago de colaboraciones. Lo menos otros cinco o seis mil pesos mensuales, sin contar tu sueldo. Me parece muy difícil conseguir ese dinero, especialmente si prescindimos de todo auxilio yanqui —y creo firmemente que debemos prescindir. Fuentes, en cambio, es muy optimista y habla de ayudas fantásticas —o al menos a mí me lo parecen— de las grandes editoriales. No pienses que todo esto me desanima. Cuando nos veamos, a fines de julio, volveremos a hablar sobre el asunto y tal vez encontraremos la llave de la puerta que guarda el tesoro... Y esto me lleva a comentar un poco tus impresiones sobre el panorama "cultural". Coincido contigo —te lo dije desde el principio— en la idea de ver en todo lo ocurrido en los últimos tiempos no tanto un plan premeditado como una reacción, medio consciente y medio instintiva, destinada a suprimir o a neutralizar toda disidencia, sea moral o estética, política o simplemente psicológica. La llamo reacción no porque sea conservadora sino en el sentido casi psicológico: es una reacción del organismo (o sea: del *orden*) por expulsar a los cuerpos extraños. La reacción no es ideológica, al menos en el sentido usual de la palabra, porque los que la ejecutan son a veces de izquierda y otras de derecha. Ahora, lo inquietante es la reacción de los expulsados: no sólo no aprovechan la oportunidad para plantear con toda claridad y en sus verdaderos términos el problema sino que lo reducen a una querella de barrio, a un pleito entre pandillas rivales. La actitud de ahora es una consecuencia fatal de la actitud de ayer: cuando tenían en su poder los órganos de publicidad, también incurrieron en la política de pandilla —algo muy distinto a la acción de un grupo unido por ideas, gustos e intereses intelectuales y estéticos semejantes. Así, todo es lucha de intereses y de personas. Vuelvo a mis ejemplos anteriores: la actitud ante *Poesía en movimiento* (con la *ridícula* querella a propósito de Cuesta) y después ante la antología de Pellegrini revelan una inconsistencia crítica increíble. Por supuesto, la actitud de los emboscados me parece aún más reprobable. Por ejemplo, cuando yo propuse suprimir, entre otros, a Torres Bodet y a Nandino de *Poesía en movimiento,* Pacheco se colocó al lado de Alí. Después nos hemos reconciliado porque si tomase a lo trágico todos estos incidentes sencillamente tendría que romper con casi todo el mundo. Pero si olvido los incidentes, no puedo olvidar lo que revelan: una falta general de consistencia. Te confieso que esto, más que las dificultades económicas, es lo que me desanima cuando pienso en la revista.

Tus libros. Yo ayudaré en lo que pueda, ya sea con Orfila o con Mortiz. A mi juicio, deberías publicar, si fuese posible, *dos libros*: *Anagnórisis* y una colección de ensayos y artículos. Un libro *ayudaría* al otro. Ojalá que algún editor inteligente lo entendiese.

Carlos está en Venecia. Con esta carta te envío su dirección. Escríbele. Le dará alegría tener noticias tuyas.

Joaquín Díez-Canedo tiene el original de mi ensayo sobre Lévi-Strauss. Sin duda te podrá dar una copia o las galeras. Por lo pronto, te envío el programa provisional de las conferencias. Si lo comparas con mi texto verás que omito, por razones obvias, la discusión demasiado técnica de poesía, música y mito. Por cierto, no sé si te conté que Lévi-Strauss me ha escrito una carta de tres páginas a máquina que me ha conmovido de verdad.

No sé si tendré tiempo para escribirte otra carta. Salimos a fines de junio y tengo mil cosas pendientes. Iremos primero a Spoletto, al Festival Internacional de Poesía (primera decena de julio). Después, a México. Ese regreso me produce cierto horror. Pero hay que afrontarlo todo. Marie José, por su parte, está encantada. Delira con México... Escríbeme pronto, aunque sea unas líneas y aunque sólo sea para decirme si has encontrado un antropólogo o si se te ocurre un substituto de otro campo.

Un abrazo,

Octavio

PROYECTO

1. Primera conferencia y discurso de ingreso: La nueva analogía.
(Martes 1º de agosto.)

El pensamiento de Claude Lévi-Strauss

2. Segunda conferencia: La prohibición universal del incesto. (Jueves 3 de agosto.)
3. Tercera conferencia: El mito y su estructura I. (Martes 8 de agosto.)
4. Cuarta conferencia: El mito y su estructura II. (Jueves 10 de agosto.)
5. Quinta conferencia: La antropología como remordimiento. (Martes 15 de agosto.)
6. Sexta conferencia: El mito y su estructura I. (Jueves 17 de agosto.)
7. Mesa redonda sobre los temas de las conferencias anteriores, en la que participarían, aparte de Octavio Paz, un filósofo, dos escritores y un antropólogo. (Lunes 21 de agosto.)

...

8. Lectura de *Blanco* y otros poemas. (Jueves 31 de agosto.)

Es el programa que he enviado al Secretario General de El Colegio. Las fechas *no son definitivas*. La primera conferencia (La nueva analogía) es en cierto modo una continuación de *Los signos en rotación* y una introducción, en general, al tema de las conferencias. Si lees mi texto sobre Lévi-Strauss verás que las conferencias omiten, por demasiado técnico o por su carácter subsidiario, algunos puntos que trato en mi libro: *Música, poesía y mito;* las alusivas a totemismo y castas y la polémica entre estructuralismo e historicismo (o sea, entre Lévi-Strauss y Sartre).

Nueva Delhi, 19 de junio de 1967

Querido Tomás:

Estas líneas serán más cable que carta.

Sobre lo de Relaciones: A mi juicio, deberías aceptar. Claro, esto dificultaría aún más lo de la revista. Pero, fuera de la revista y de tus asuntos personales —acerca de esto ando más bien a oscuras—, no veo qué otra cosa podría retenerte en México. Si no tenemos una revista, quedarse es inútil. Es convertirse en espectador impotente ya que no en cómplice. De todos modos, creo que ese proyecto no se realizará inmediatamente, si es que llega a realizarse. En consecuencia, tenemos tiempo. En todo caso, yo aceptaría *en principio.*

No comento el resto de tu carta por falta de tiempo y porque dentro de menos de un mes hablaremos.

Un abrazo,

Octavio

Nueva Delhi, 20 de noviembre de 1967

Señor Tomás Segovia,
Edificio Condesa T-5,
Mazatlán y Agustín Melgar,
México, D. F., México

Querido Tomás:

De nuevo te escribo a la carrera. La temporada en México fue fatal: ahora me encuentro abrumado por los papeles y los asuntos pendientes.

Lamento mucho que tu estancia en Londres no haya sido lo que tú esperabas. Yo escribí a Spender y él acaba de contestarme diciéndome que estuvo ausente los días que tú pasaste por allá. Lo mismo ocurrió con Tomlinson. Por último, a ti no te escribí por falta de tiempo. Tú sabes tanto como yo que en México no tenía un momento de respiro. Pensé que era suficiente con escribir a Spender, Tomlinson y Hamburger avisándoles tu llegada.

Carlos me escribió una larga carta en la que hace un resumen —un resumen extenso, por decirlo así— de sus conversaciones en París. Estoy en general de acuerdo con ustedes, inclusive con la fórmula de "decir sin decir". O más bien: decir. Por supuesto, es necesario, para "decirlo", contar antes realmente con esa ayuda. En enero estaré por unos días en París y entonces podremos saber a qué atenernos. Te escribiré *apenas* conozca el resultado de mi gestión. Sobre esto he escrito también a Orfila, rogándole que te pusiese al corriente de lo que le digo en mi carta. Por cierto, creo que la relación con Orfila también debe aclararse. En principio, no me parece mal que la revista aparezca como una publicación de Siglo XXI, a condición de que se explique, *sin lugar a dudas*, que se trata de un arreglo administrativo que no implica ninguna limitación a nuestra autonomía. Tal vez sería bueno encontrar una fórmula parecida a la de "decir sin decir", aunque en este caso más bien se trata de *decir* con toda claridad. Sobre la necesidad de la presencia en México de Carlos y/o la mía: de acuerdo. Ya te escribiré a propósito de esto (y de todo lo demás) más adelante.

No he recibido aún tu libro. ¿Qué pasa? Mi madre me ha enviado algunas de las notas sobre mi *Lévi-Strauss* y *Corriente alterna*. No me desanima —ya estoy acostumbrado— la pequeña y escondida dosis de veneno que contienen. Me desanima su estupidez. Sencillamente: no hablamos el mismo lenguaje. La nota de Zaid, en la *Revista de la Universidad*, es otra cosa, claro está. Estimo muchísimo a Zaid y ya tendré la ocasión de decirle directamente, y con toda franqueza, lo que pienso. Pero todo esto son pequeñeces: lo maravilloso es esta luz increíble de Delhi.

Un abrazo,

Octavio

P. D. Perdona el tono de estas líneas. Perdona también las erratas de mecanografía. Perdona el tiempo que pasa, o más bien, a nosotros que pasamos: el tiempo está inmóvil y no nos mira. O se ríe de nosotros.

Nueva Delhi, 12 de diciembre de 1967

Querido Tomás:

Contesto a tu carta del 28 de noviembre. Recibí tu libro. Ya te imaginarás mi alegría y mi emoción. Poco a poco se empieza a configurar una época de poesía. Nunca he creído en las obras solitarias ni en los poetas aislados. Si algo de lo mío ha de sobrevivir, así sea por un minuto, es porque lo iluminan las obras de los otros, mis pares impares. Recuerdo que Villaurrutia pensaba lo mismo y que me dijo algo parecido cuando yo publiqué en una revista un poema que le gustó...

La edición es correcta y nada más. Un libro de poesía exige mayor lujo. La poesía es siempre ceremonia, inclusive la antipoesía de Parra. Pero hay cosas que me gustan, como la foto de la portada y, sobre todo, las negras manitas indicadoras. Por cierto, noto un lejano parecido entre la organización *musical* de tu poema, que permite la omisión, en la lectura, de varios fragmentos, y la organización visual de *Blanco*, que también permite la omisión de partes del texto.* Es un indicio de que más y más nos aproximamos a una escritura que sea también partitura.

A fines de este mes iré a París. He pasado unos días de horri-

* Mejor dicho: ambos poemas permiten distintas combinaciones, distintas lecturas, y todos apuntan hacia *lo mismo*.

ble incertidumbre moral e intelectual: la reunión de París ha sido organizada por el Ministerio de Cultura de Francia y por la Sección Francesa del Congreso por la Libertad de la Cultura. Cuando acepté, hace más de un año, todavía los cubanos y sus amigos no habían desencadenado su campaña pública contra el Congreso. Lo peor es que la reunión de París coincide con el Congreso de Escritores de La Habana. A este último no asistiré por razones obvias. Aunque la reunión de París no tiene el menor tinte político y los participantes son gente insospechable y de primer orden, te confieso que estuve a punto de desistir de mi proyecto. No porque piense que en este caso particular (¡Baudelaire y la crítica de arte!) tengan razón los cubanos, sino porque no deseo darles armas a los maniqueos y a los inquisidores. Después de no dormir durante dos noches, decidí asistir a la reunión de París. En primer término, porque de otro modo hubiera defraudado a Pierre Schneider y a Bonnefoy; en segundo lugar, porque es indispensable que yo, personalmente, haga la gestión para obtener el dinero de la revista. Si no contamos con esa ayuda quedaríamos exclusivamente supeditados a los mecenas mexicanos. Además, la cantidad que Orfila piensa obtener de fuentes mexicanas es a todas luces insuficiente.

Lo que me cuentas de la actitud de Orfila me inquieta mucho. Yo le escribí hace tiempo y no me ha contestado. ¿Será porque le "desencanta" el financiamiento *plural* de la revista? No quiero ni puedo creerlo. Al principio, aceptó con entusiasmo la idea...

Por lo que toca a mi regreso a México. Ya les he dicho (a ti, a Carlos y a Orfila) que depende fundamentalmente de dos cosas: la primera, asegurar la vida de la revista por lo menos durante dos años; la segunda, conseguir mi jubilación (ando en esto) y obtener una entrada decente en la Universidad o en algún otro sitio. El primer punto se aclarará apenas conozcamos el resultado de mi gestión en París. En cuanto al segundo, sólo te diré que todavía estoy en espera de que una por lo menos, entre las innumerables personas que me hicieron vagos ofrecimientos, formalice su proposición.

Como creo que hay que proceder con orden, por lo pronto no me he ocupado de mi problema personal. Si la revista es viable, ya tendré tiempo para recordarles sus promesas a mis *self appointed* protectores.

Me extraña mucho que Jaime esté al corriente del proyecto de revista. No sé qué diablos le haya contado Carlos. Ya hablaré con él (quiero decir, con Carlos) cuando lo vea en Londres.

Te veo preocupado por tus líos personales. No me atrevo a darte consejos. Lo único que te digo, por experiencia propia, es que ese tipo de conflictos jamás se resuelve por nuestra intervención personal. En esto soy decididamente taoísta: la pasividad. Las cosas se resuelven por sí mismas. Y nos "resuelven".

Saluda con afecto a Juan García Ponce; me traicionó: dijo que pasaría por Delhi antes de regresar a México.

Un abrazo,

Octavio

P. D. Estaré en París desde el 3 hasta el 18 de enero. Mi dirección: Hotel Scribe, 11, rue Scribe, París 9º. Hoy mismo escribo a Orfila para aclarar ciertas cosas.

P. D. Dos "aclaraciones": la actitud de los cubanos —no siempre la de sus corifeos latinoamericanos y europeos— me parece legítima pero no puede ser una regla inflexible: todo depende de *cómo, cuándo, quiénes y para qué*. Sobre tu libro: merece no sólo distintas lecturas sino *una lectura repetida.* Se despliega en una zona espiritual muy extraña: la de una intimidad que colinda con lo más general. Es un texto en el que la memoria —desde la tuya personal hasta la de la poesía moderna es nuestra lengua— se recorre a sí misma para *olvidarse*, para *abrirse* a una realidad inédita y sin memoria, una realidad que no sé si debo llamar "la vida" o, más bien, *el vivir.* Tu poema = una búsqueda del *desde* dónde podemos empezar *a vivir...* Volveré a tus poemas muchas veces: es una guía para extraviados. También es pan. Sobre ese *desde*: no es ninguna parte, es un momento privilegiado de la conciencia. Tu poema me impresiona tanto que no te tengo envidia (un sentimiento que a veces experimento ante obras notables de mis contemporáneos): *lo acepto.*

Nueva Delhi, 28 de enero de 1968

Querido Tomás:

Recibí tu carta del 27 de diciembre en París pero, como comprenderás, no pude contestarla inmediatamente. Regresamos a Delhi hace una semana y desde entonces no paro: visitantes ilustres (Tito, Kosygin), una conferencia internacional con abundante participación mexicana y que durará hasta fines de marzo, la rutina de la Embajada, las cartas sin contestar, el trabajo acumulado —la dispersión. Lo único que nos consuela es saber que Cortázar y su mujer llegarán pasado mañana. Vienen como intérpretes de la conferencia y pasarán esos meses con nosotros.

Comprendo tu indignación ante la forma (o mejor: la ausencia de forma) con que han acogido a tu libro —aunque Zaid ha reparado en parte las omisiones de los otros. No voy a consolarte ahora diciéndote que a mí, y a muchos como yo, nos ha pasado y nos pasa lo mismo. Sobre *¿Águila o sol?* no se publicó una sola nota. Ciertos libros se abren camino en secreto; mi vida pública es subterránea. Eso ocurrirá con tu *Anagnórisis*. No hay riesgo de anonimato. Hay riesgo de equívoco —pero eso es fatal: una obra son sus lecturas, sus lectores y los nuestros no son famosos. Por eso, entre la publicidad y la clandestinidad, prefiero a la segunda. Creo que tú también. Todo esto puede parecerte consuelo hipócrita. No: tienes razón —sólo que el remedio no consiste en enfurecerse o desanimarse sino en tragar veneno y transformarlo en letras (poemas, diatribas, ensayos: tinta) y persistir. Lo sabes mejor que yo: estás condenado a persistir. No hay escapatoria. Cuando alguien abandona la pelea solitaria (en arte estos dos términos no son contradictorios) no hay que pensar que desertó porque la persecución o la indiferencia eran insoportables: desertó por falta de temple. Por falta de destino. ¿Y Rimbaud? Exceso de destino: ¿qué hacer después de *Una temporada en el infierno*? Otro ejemplo, más modesto pero no menos revelador, es el de Gorostiza: se calló porque ya había dicho lo que tenía que decir. No abandonó la pelea: ya no había pelea. Admirable —como son lamentables los que publican año tras año obesos y obscenos objetos literarios. En tu caso no hay peligro de huida: si de algo estoy seguro es de tu destino. Por eso te duele y te quejas: el destino es feroz y egoísta. Y ya que hablo de esto: no sé si te das cuenta de la ferocidad de tu egoísmo. Tus cartas son más y más un monólogo. No te lo reprocho. Incluso me conmueve que yo sea el muro que oye —un muro que a veces responde con un gruñido.

Desde otro punto de vista menos "psicológico", lo que tú haces, lo mismo al escribir cartas que poemas, es reiterar la pregunta que desde su nacimiento se hacen los hombres de Occidente (y tal vez todos los hombres) —la pregunta que, para abreviar, llamaré: sobre el reconocimiento. La dialéctica (cura de la escisión, según Hegel), el psicoanálisis (cura de la ruptura del cordón umbilical), la nostalgia por la palabra original, de Rousseau a los surrealistas y de Hölderlin a Heidegger (cura del desarraigo que es la civilización) son reiteraciones de la pregunta. Reiteraciones y *re-anudaciones* del nudo fatal que nos une al otro —al fantasma. En tu caso, creo, la pregunta es psicológica (y de ahí la irritación que me produce a veces tu carta) y poética (y de ahí mi amistad, mi reconocimiento). Hablas de exclusión. ¿Puede uno hablar de lo que siente —excepto en poesía? Pero la poesía, tu poesía, es inclusión. Quizá te hace falta una temporada de budismo o de Wittgenstein. Esa experiencia —aun si es incompleta y únicamente mental— es decisiva: la cura es radical porque, al acabar con el yo, se acaba con el otro. O dicho de un modo más riguroso: el problema del reconocimiento no es realmente un problema, es una contradicción. Para Wittgenstein el lenguaje (y el lenguaje *coincide* con el mundo: es el mundo) es un inmenso solipsismo, sólo que no hay sujeto y, por tanto, no hay contradicción. No deberíamos decir *yo pienso* sino *se piensa.* Tampoco es correcto (fíjate que dije *correcto* en el sentido gramatical, el único sentido) decir: la pena que siento es inexpresable sino es imposible describir las sensaciones de pena que se sienten. Wittgenstein habla consigo mismo, pero como la conciencia —y más, lo que llamamos vulgar y exactamente el yo, son excluir al inconsciente y a la memoria— es una sucesión de estados mentales, físicos, sensaciones, deseos, etc., no habla en realidad consigo mismo: habla con nadie. Mejor dicho: habla con el lenguaje y así habla con todos. El sujeto del solipsismo no es el ego ni la conciencia sino el lenguaje —la realidad misma. A mi juicio (si Wittgenstein me oyese tal vez me daría un coscorrón) eso es lo que salva o rescata a la poesía: no es, como yo creía antes, una ventana hacia la realidad: es una realidad. En la poesía no aparece la contradicción del solipsismo vulgar entre la realidad del sujeto y la otra realidad porque, como en la negación filosófica de Wittgenstein, el sujeto desaparece, se funde a la realidad. Todo poema, dije un poco demasiado patéticamente, vive a expensas del poeta. Ahora diría: Todo poema es (a condición de que sea poema e independientemente de la existencia del poeta). Tu solipsismo poético —tu *Anagnórisis*— me *comprende*, en todos los sentidos de la palabra: forma parte de esa realidad, estoy incluido en ese juego como la partícula gramatical *tú* —o sea: yo. Sin el tú (que soy yo) no habría poema; en cambio, sin el yo (que eres tú, el autor) sí hay poema. El solipsismo poético opera a favor del lector, es decir, de la realidad. El solipsismo psicológico (y el metafísico y el dialéctico) es contradictorio e incompleto: no me abarca, no me comprende, me hace realmente el otro —el otro que no existe y que oye, asiente, rechaza, discute, simpatiza pero que *no* comprende. Y no comprende porque no está comprendido. No sé si me explico. En suma, puesto que la dialéctica y el psicoanálisis son, por una parte, infinitos (no acaban nunca: cada cura es una nueva enfermedad, cada síntesis una escisión), y, por la otra, contradictorios, lo mejor es cortar el nudo. Lo cual no es el fin del reconocimiento sino su corrección: yo puedo reconocer (por ejemplo, al leer *Anagnórisis*) pero no puedo nunca ser reconocido. Puedo reconocer porque el tú del poema es yo, mi yo (provisional o no); no puedo ser reconocido porque mi yo se convierte en un tú ajeno o, peor, en un él, remoto y que, como el tú, no tiene nada que ver conmigo. Por supuesto un dialéctico (sobre todo un marxista) y un psicoanalista dirán, el primero, que esta manera de razonar es una parte del proceso dialéctico (y, como soy un burgués, una autoenajenación y una reificación de mi conciencia) y, el segundo, que se trata de una sublimación de Tánatos. Puede que sea verdad: la lógica no es sino la máscara del principio de nirvana, la máscara de la muerte. Detrás de ella no hay, literalmente, nada. Sólo que esa nada *no* es lo contrario del ser como en Heidegger, sino nada sin ser, a lo budista. Por tanto, supongo, no me tocan las críticas del dialéctico ni las del psicoanalista. Lo cual no me impide, si es necesario, hablar de Guevara, ir a ver al psicoanalista o leer lo que dicen las críticas sobre *Blanco —pero a sabiendas* y sabiendo de *qué se trata.*

No te contaré nuestros días en Londres y en París porque sería escribir una crónica —y no tengo ni tiempo ni humor para ello. En Inglaterra vimos a Fuentes y a otros latinoamericanos (y a Tomlinson, un poeta y un amigo admirable); en París a Lévi-Strauss (ya te contaré algún día esa cena, esa escena), Michaux, Bonnefoy, Kostas y otros amigos. Pero iré a lo que te interesa. Vi a Malraux. Nos invitó a comer en un restorán de lujo —los tres solos: él, Marie José y yo. El proyecto le interesó y, aun, lo entusiasmó. Cree que podrá conseguir una suma importante aunque, con realismo, me advirtió de los obstáculos y peligros. El primero, que sería fatal, que la ayuda pasase a través del Ministerio de Negocios Extranjeros y, así, que estuviésemos sujetos a una fiscalización no económica sino política o intelectual. El segundo, menos peligroso moralmente pero igualmente fatal, que se viese nuestra empresa dentro de la perspectiva tradicional del *rayonnement* de la cultura francesa. El tercero, la avaricia y la estrechez del Ministerio de Finanzas. En suma, teme la intervención de los burócratas de la política, la cultura y las finanzas. Pero cree que puede vencer todos esos obstáculos. Me preguntó: ¿Un nuevo *Sur*? Le dije: *Sur* dio a conocer la literatura europea de su tiempo, especialmente la francesa y la inglesa; ahora se trata de algo distinto: de hablar con los franceses y, en general, con los europeos. ¿Y el mundo anglosajón?, me volvió a preguntar. Respondí: el diálogo entre América Latina y los Estados Unidos se convierte siempre en un monólogo debido a la desigualdad entre los dos interlocutores; mi idea es que ese diálogo debe realizarse como una conversación entre Francia (y con ella todos los europeos que quieran participar) y América Latina por una parte y, por la otra, los Estados Unidos. Las realidades políticas que designan todos esos nombres son asimismo realidades culturales, históricas: designan distintas *versiones* de la civilización occidental. Mi respuesta disipó sus últimas dudas. Comprendió inmediatamente que, en términos concretos, se trata de una coincidencia política, algo distinto a una identidad. Asimismo, esa coincidencia —que *no es fortuita* pero que sólo hasta ahora aparece como una posibilidad real— manifiesta una afinidad cultural y espiritual indudable. (Paréntesis para Tomás Segovia: ese diálogo, pensaba yo mientras comía las ostras, lo debería haber tenido con un hipotético Ministro de la Cultura de una no menos hipotética República Española —tal vez un Bergamín o un Gaos. Malraux me lo dijo en otro almuerzo, hace cinco años: Francia ocupó y volverá a ocupar el lugar que abandonó España. Casi sin quererlo, reaparece de nuevo el (falso) problema del reconocimiento: tal vez la verdadera causa de la decadencia de España es su aislamiento: perdió en un momento de su historia la capacidad de reconocimiento. El que desaparece no es el no reconocido sino el que no reconoce. ¿América Latina será capaz de reconocer?) Para terminar: en estos días debo enviarle un memorándum que será una síntesis de lo que le dije. Discutí su contenido antes con Fuentes y refleja nuestros puntos de vista (los tuyos, los suyos y los míos) sobre este asunto. En la carta que acompaña al memorándum, le dije a Malraux que Fuentes nos representará en las negociaciones posteriores —aunque, por supuesto, nos informará de cada paso y no decidirá nada sin antes consultar con nosotros. *Por desgracia*, el memorándum no contiene nada del aspecto material. Orfila no me envió los datos que yo le pedí antes de salir de India, en diciembre pasado. Mejor dicho: a una primera carta mía, de noviembre, respondió con informes vagos, esquemáticos y, creo, no muy exactos. Por ejemplo: decía que seis números (nosotros habíamos dicho doce) costarían 300 000 pesos pero sin indicar el número de páginas ni el de ejemplares, ni tampoco cómo se distribuía esa suma (o sea:

pago de colaboraciones y traducciones, sueldos del secretario, etc.). Le contesté inmediatamente, pidiéndole informes más precisos y sólo unos días antes de salir de París recibí un telegrama suyo en el que me prometía escribirme directamente a Delhi, añadiendo que "el problema le parecía sumamente complejo". O sea: adelantaba, me temo, una negativa. Aún estoy en espera de esa carta. Por lo visto, tus presentimientos no eran infundados, Orfila ha cambiado de idea o algo lo hace vacilar. ¿No le parecemos bastante "ortodoxos"? ¿Ya no le somos útiles? En fin, prefiero no seguir con esta clase de hipótesis, a lo mejor calumniosas, hasta no tener nuevas noticias suyas.

Por todo lo anterior, te recomiendo, en primer término, una absoluta reserva sobre todo lo que te escribo acerca de mi conversación con Malraux. Enseguida: habla con Orfila y dile que espero los datos y su carta. En caso de que veas que la idea ha dejado de interesarle, tal vez tú podrías enviarme, lo más pronto posible, un presupuesto. A mi juicio, debemos pensar en dos modelos: *a)* una revista de 98 páginas, mensual, como la *Revista Mexicana de Literatura*; *b)* una revista como *La Quinzaine Litteraire* (30 páginas), sin grabados —a mi modo de ver: ¿por qué darle gusto al público con retratitos?— y también mensual. Tiraje: cinco mil ejemplares. Aparte del capítulo de impresión y papel, el no menos importante de las colaboraciones: cuatro textos a 1 000 pesos; ocho a 750, más pago de traducciones (dos en cada número). Por último, sueldo del secretario de redacción, de una mecanógrafa y los gastos de correo de la redacción, No incluyo los gastos de distribución, local, mobiliario, luz, administración, etc., porque eso debe correr por parte de la editorial que nos ampare, sea Orfila, Mortiz o el Diablo.

Por correo aparte —apenas lo termine— te enviaré copia del memorándum a Malraux. Escribiré a Fuentes dentro de unos días.

Tú también debes escribirle. Rodríguez Monegal se queja de tu silencio. Lo mismo Sarduy. Por cierto, creo que el Congreso Cultural de La Habana les ha dado otro golpe. Es injusto. Pero esto —y todo lo que vendrá— comprueba que hay que ser independiente. Si lo de la revista fracasa, seguiré en mi retiro indio y me limitaré a publicar (¡si es que vale la pena publicar en revistas ajenas!) en *Siempre!*, *Imagen* (Venezuela) y en la que hacen en Lima Westphalen y Blanca Varela. Y aquí termino con

Un abrazo,

Octavio

Supongo que ya habrás recibido *Blanco*.

Nueva Delhi, 17 de marzo de 1968

Querido Tomás:

¿Cómo contestar a tu carta? No creo que la mía haya sido una "lección". Si lo fue, resultó inoída. Tu carta es una refutación de 22 páginas, que termina con una muy brillante lección de filosofía* —y que se inicia con algunas imputaciones—. ¿Me escribes tú como un ser humano escribe a otro ser humano y yo te respondo como un escritor escribe a otro escritor? ¿Predico "una mística del dolor" que, "aplicada al prójimo, es terriblemente tramposa y tranquilizadora"? No seguiré por este camino.

No sé si tú seas Rimbaud, Hölderlin o Van Gogh. En todo caso, yo no soy ni Verlaine ni Goethe ni el médico de Van Gogh. Tus ejemplos, aparte de no ser afortunados —por lo que te diré más adelante—, son inexactos: la verdad es que tú eres Tomás y yo soy Octavio. Estos dos nombres, ¿qué designan? Una realidad cambiante —cambiante no sólo porque lo que llamamos Tomás (u Octavio) cambia constantemente, sino porque hay muchas maneras de decir Tomás: con afecto, con indiferencia, con impaciencia. No es posible que la realidad Tomás dependa de las en-

* Y algo más, mucho más: coincido contigo enteramente (¡pero desde el otro lado!) desde la página 9 hasta la 22. Todo lo que dices me emocionó y me iluminó.

tonaciones distintas que dan a esas dos sílabas una multitud de labios en una multitud de ocasiones.

Tomás y Octavio son nombres que nos designan pero que no corresponden a lo que somos realmente. Lo mismo sucede con el pronombre yo: es una designación y nada más. Una palabra que empleo cuando hablo de mí contigo o conmigo, es decir, cuando me hablo como los otros me hablan. El pronombre yo es mi verdadero nombre propio, algo así como el nombre secreto y mágico del salvaje. Si es un nombre, el pronombre está sujeto a la crítica de los nombres. En efecto, como todos los nombres, es una mera designación: algo exterior a mí. Una apelación a la que respondo siempre con otra: tú, él, nosotros, esto, aquello, etc. Concluyo: la realidad que mienta el pronombre yo es o indecible o inexistente. Ambas posibilidades excluyen el reconocimiento de lo que llamamos yo. Si hay reconocimiento, debo buscarlo en otra zona. Por ejemplo, cuando me hablo a mí mismo, me veo como otro y, así, me reconozco un poco: soy ese al que le hablo. Mi yo se ha salido de mí y ahora lo veo como un tú o un él. Infiero: el reconocimiento aparece en la zona del tú, ya que el yo aparece siempre como ese tú al que hablo con especial (e inmerecido) miramiento. Esta experiencia puedo repetirla con los otros y ellos conmigo. Por tanto, procuremos reconocer a los otros, que ya ellos nos reconocerán... o no. La aceptación del "... o no" es la solución —la resolución— de los hombres de veras superiores. Ni tú ni yo lo somos pero, por lo menos, reconozcamos que esa es la *sagesse,* el heroísmo, la santidad, la bondad o como quieras llamar a ese desprendimiento. Y aquí se acaba la cura del reconocimiento por la crítica de los nombres y los pronombres.

En ningún momento de la cura se pretende abolir el mundo real, la realidad de los hombres y de las cosas. Sí, el mundo es real

—aunque no nos hayamos puesto de acuerdo todavía sobre qué clase de realidad sea la suya. Al mismo tiempo, el mundo es ilusorio en la medida en que es la proyección de un yo ilusorio. El yo ilusorio nos empaña la visión de la realidad del mundo y la de la realidad íntima que somos. Esta realidad íntima y cambiante no puede llamarse yo, no puede ser yo, por todo lo que te dije antes. El yo ilusorio nos hace buscar el reconocimiento allí donde no está ni estará nunca. El poeta Segovia tiene razón y no la tienes tú: el poema del reconocimiento termina con el reconocimiento de que el yo es siempre tú: "Abre los ojos, soy yo". Si ella los abre, sus ojos dirán: tú. El tú es real: es la realidad del mundo. El yo es función del tú pero el tú no es función del yo. Y no lo es porque el yo, para llamarse y hablarse, tiene que volverse tú. Tiene que ser nombrado. La crítica del yo no implica la abolición del mundo (y el mundo es el tú). Claro que podríamos discutir mucho acerca de qué clase de realidad sea la del mundo y, por tanto, la del tú y su adjunto, el yo (o más bien: el nosotros). A esa realidad la llamas, con penetración, el "residuo".* Es cierto: es lo que queda después de la crítica.

Creo, como tú, que esa realidad es indecible y que, no obstante, nuestra vocación —la de todos los hombres— es decirla. Y la decimos todos los días y todos los días se evapora y reaparece el residuo —lo no dicho. ¿Cuál es el momento en que el residuo parece al fin revelarse como una presencia que se disipa? En el silencio *después* de la palabra o del acto. El silencio se apoya en la palabra que quiso y no pudo nombrar el residuo; en ese

* También la llamas vivencia. El término no me gusta, no por manía antifenomenológica (todo lo contrario!), sino porque, aún más que "residuo", implica una reintroducción de lo que hay que eliminar: el yo.

instante de suspensión de la significación —una significación que se disuelve en el silencio— aparece el residuo, también como un sentido que se disuelve. El silencio después de la palabra es el momento de la desaparición del significado de la palabra —el momento de la aparición del residuo como significado que se disipa. Este silencio no es idéntico al silencio antes de la palabra, antes de enunciar el signo verbal que significa. Al contrario: es el silencio en el que la realidad indecible del mundo (y del tú) aparece como residuo que se disuelve o, más exactamente, que se resuelve. Y se resuelve en la disipación del sentido. ¿Por qué? *The sense of the world must lie outside the world.* (Wittgenstein, *Tractatus Logico Philosopicus,* §6.41) De paso: precisamente lo contrario de lo que dicen, cada uno a su manera, Lévi-Strauss y Merleau Ponty: para los dos el sentido está en el hombre, el dador de sentido. Pero el sentido del mundo —y, por tanto, del hombre— está fuera del hombre y fuera del mundo. Y de lo que está fuera no podemos hablar, excepto en el momento de callarnos: en el momento en que el sentido se revela como sentido que se disipa... La misma operación en el dominio de la ética y la vida práctica: "Era desdichado, tuve la Iluminación, soy desdichado". (Anécdota que cuenta John Cage a propósito de un filósofo budista en *A Year from Monday.*) Hay una diferencia entre la desdicha antes de la Iluminación y la desdicha después de ella: la misma que entre el silencio antes y después de la palabra. En ambos casos no hay abolición del mundo ni "trampa tranquilizadora". Digo "abolición del mundo" —y no del yo porque hemos quedado en que este último es *indecible* o es inexistente. Si lo primero, es parte de la realidad indecible (lo que tú llamas residuo); si lo segundo (que es lo que yo creo), tampoco hay abolición: no se puede abolir lo que no es. Lo que llamas *yo.* Nagarjuna lo llamaría: la vacuidad vacía de su vacuidad. O sea:

el residuo, que no es ni puede ser personal o existencial; es la realidad del mundo. La diferencia entre tú y yo consistiría en que lo que tú llamas residuo, yo lo nombro vacuidad. Tu posición es subjetiva y, me temo, contradictoria: el residuo es lo que el yo no dice del mundo y de sí mismo. Si aceptamos que el yo es indecible, incurres en una tautología, en un sinsentido: lo indecible no puede decirse ni decir lo indecible. Si creemos que el yo es inexistente (o sea: no es personal, es parte de la realidad del mundo que sólo se nos aparece como presencia que se disuelve), la fórmula "la vacuidad vacía de su vacuidad" resulta más coherente. Tiene la ventaja de no postular un término hipotético y sobre el que nada podemos decir, excepto que es un pronombre: yo.*

No toco el tema de la crítica psicológica pero señalo que, sea por el lado de Freud o por el lado de la psicología moderna (físico-química del cerebro, etc.), te enfrentas también a una crítica del yo y del sujeto.

Tus ejemplos son desafortunados porque todos los que mencionas son víctimas (¿por qué?) y las víctimas nunca son ejemplares. Nuestros modelos son —o deberían ser— los vencedores: Sócrates, Buda y todos aquellos que, inclusive si fueron víctimas, vencieron a la más insidiosa tentación del yo: juzgarse víctima. (¡Juzgarse víctima!) El horror del tratamiento que sufrieron

* Releo este párrafo y me pregunto si hablamos de la misma cosa y lo que nos separa es la diferencia de perspectivas (la tuya desde el yo, la mía desde el otro lado) o si hablamos de cosas distintas. Naturalmente, todo sería más claro si tú hubieses leído *Corriente alterna* —no porque ese librito sea un "texto de base" o contenga la piedra filosofal, sino porque es un punto de partida (posible) de nuestra conversación. Sabrías, al menos, de qué hablo cuando hablo de ciertas cosas...

Hölderlin y Van Gogh (el caso de Rimbaud es muy distinto) se inserta en otro horror: para la conciencia occidental la locura pasó a ser, de enfermedad sagrada, alienación. Decimos que el loco está fuera de sí porque el yo no acepta a la otredad y cuando ésta se manifiesta en su forma más propia y exasperada, el delirio, la expulsamos: encerramos al loco. Esta actitud viene desde Parménides pero su expresión más perfecta y coherente es la dialéctica de Hegel. El proceso y condenación del loco es parte de la dialéctica del reconocimiento: aquello que la conciencia no puede reconocer (transformar en concepto) debe desaparecer o ser condenado a encierro. Ni Hölderlin ni Van Gogh se juzgaron víctimas: la sociedad, la conciencia occidental, el yo, los juzgaron y los condenaron. No ellos, sino los otros, los hicieron víctimas. (Habría que repensar —o mejor dicho: pensar, ya que es un tema que el hombre moderno no ha pensado— la diferencia entre *mártir* y víctima. Sobre esto dirían cosas esenciales los cristianos y los marxistas.) El problema que a mí me angustia es saber cómo, ahora, podríamos recuperar a la locura —sin perder la razón. Un problema distinto al que tú planteas en tu carta... Fin de las aclaraciones. Reanudo mi conversación con Tomás Segovia.

Parece que fracasó mi gestión francesa. Después de haber mostrado tanto entusiasmo, Malraux acaba de enviar una carta a Carlos Fuentes en la que le comunica que el asunto ha pasado a la jurisdicción del Quai d'Orsay. Lo más notable es que, desde el principio, el mismo Malraux me puso en guardia contra esa posibilidad. Le he escrito para poner los puntos sobre las íes y repetirle que de ninguna manera estamos dispuestos a pasar por el Ministerio de Negocios Extranjeros. Tengo poquísimas esperanzas de enderezar la gestión. Habrá que buscar por otro lado. Pero yo no me he desanimado. Este fracaso —y la eliminación de

Emir Rodríguez Monegal como director de *Mundo Nuevo*— exigen la salida de la revista. He hablado con don Plácido García Reynoso: está dispuesto a ayudar y cree que no es imposible conseguir el dinero en México ("sobre todo —me dijo— si Orfila toma a pechos el asunto"). Ya escribo a Orfila y le sugiero que se ponga en relación con García Reynoso, apenas éste regrese a México. Por supuesto, habría que hacer de todos modos la campaña, sugerida por Orfila y apoyada por García Reynoso, para obtener los 600 000 pesos que importan los 24 números de los dos primeros años. ¿Qué te parece mi idea? Ya se la expuse a Carlos (en carta de ayer) y espero su respuesta.

Un abrazo,

Octavio

Escribo ahora —o más bien: construyo, dispongo, despliego o dibujo— poemas concretos. Comentarios gráficos y semánticos a mis preocupaciones actuales... Tengo cuatro pero quisiera llegar a la media docena. También preparo cuatro discos visuales con Rojo y, desde lejos, me ocupo de esas ocho lecturas de poemas extensos (corrida de noviembre en El Colegio Nacional). Todo esto me divierte bastante. También leemos, en la noche (Marie José, Julio, Aurora Cortázar y yo) poemas a la luna —haikú o poesía sánscrita, pesada como una diosa y toneladas de pechos, caderas, collares, aretes, cinturones, pelo, ajorcas y pestañas.

Nueva Delhi, 14 de mayo de 1968

Querido Tomás:

Al releer mi traducción del "Soneto en *ix*" y de mi comentario, antes de enviárselos a Ramón Xirau, me di cuenta de que ese texto era un reflejo o consecuencia indirecta del diálogo (mejor dicho: doble monólogo) que nos ha entretenido por unos meses y que tú, por cansancio y/o *sagesse* no has continuado. Te dedico, pues, este pequeño trabajo.

Un abrazo,

Octavio

Nueva Delhi, 3 de julio de 1968

Querido Tomás:

Me dio una gran alegría recibir al fin noticias tuyas. Tienes razón: para recomenzar el diálogo lo mejor es empezar con *small talk*, como dicen los norteamericanos.

He pensado —y Carlos está de acuerdo conmigo en principio— que sería muy difícil para nosotros hacer una buena publicación que tenga el carácter periodístico que en un principio habíamos pensado. Además, no sé si valga la pena repetir *La Quinzaine Litteraire*, *The Times Literary Supplement* o *The New York Review of Books*. Por último, los tres sostenemos la primacía de la crítica sobre la información y la publicidad —y la crítica necesita tiempo y reflexión. Por todo esto, se me ha ocurrido que la revista debería ser trimestral y, por lo menos, de 192 páginas, divididas en tres secciones: *a)* crítica de la actualidad política y social (unas 32 páginas, escritas por ti, Fuentes, yo y, a veces, algún otro. Nuestros artículos expresarían nuestra actitud, personal o colectiva —según el caso—, sobre los temas y problemas inmediatos); *b)* literatura y crítica: unas 96 páginas (poesía, ficción, ensayo y crítica de libros, arte, cine, teatro, etc. Al menos 40% de la sección consagrada a la crítica: pocas notas pero extensas y bien pensadas, sin excluir notas-dardos más breves); *c)* antología, unas 64 páginas (esta sección estaría destinada a presentar a movimientos o escritores individuales. Por ejemplo: antología de Georges Bataille, poetas concretos de Brasil, etc. Si descubrimos buenos traductores, sería bueno presentar ciertos textos orientales: árabes, persas, indios, chinos, japoneses). Me gustaría conocer tus comentarios sobre todo esto. También tus ideas sobre el formato y sobre la conveniencia de incluir ilustraciones. Ojalá que pudieras averiguar el costo aproximado de unos 5 000 ejemplares. *Apenas si es necesario decirte que todo esto debe, por lo pronto, quedar entre nosotros*. Envío copia de esta carta a Carlos Fuentes y te suplico que tú le envíes copia de tu respuesta. Es indispensable que el diálogo se vuelva triangular.

Por separado te envío respuesta a las preguntas que me haces sobre la traducción de los textos de Duchamp.

Un abrazo,

Octavio

TRADUCCIÓN DE DUCHAMP

Página/línea	
a) 1-20	Aclaro: yo digo "retardo *en* vidrio" y no "retardo *sobre* vidrio". Veo en el diccionario: *Retardar:* detener, diferir, dilatar. *Retrasar:* atrasar, diferir la ejecución de una cosa. Aunque la diferencia es mínima, me parece que "retardo en vidrio" es más exacto.
b) Varias	"Desnudo que desciende" no me parece menos natural que "Desnudo bajando"... Por favor, conserva la primera versión.
c) Varias	"Molino." Veo en el diccionario: *molino:* artefacto con que se quebranta, *machaca* o estruja alguna cosa. Así pues, deja molino. Advierto que hay tres: el molino de café (un cuadro), el molino de agua y el de chocolate. Los dos últimos son parte de la *Marié*...
d) 4-20 y 24	No creo que valga la pena cambiar mi texto aunque convengo en que tu traducción es más exacta. Pero no importa que haya una pequeña discrepancia entre tu texto y el mío.
e) 9 y 10	Penúltima de la 9 y primeras de la 10. En efecto, mi párrafo es confuso. Puede arreglarse así (hay que corregir desde la penúltima línea de la página 9): "la [falta texto]; es mejor dejar el texto como está. De nuevo, no importa que aparezcan pequeñas discrepancias entre tu traducción y la mía.

Página/línea	
f) 12-17	Tu versión es más exacta pero dentro del contexto de mi ensayo (que es explicativo) no veo la necesidad de conservar las anomalías gramaticales de Duchamp.
g) 12-22	"Enlatado" es mexicanismo y yo dudé entre esta palabra y "en conserva". *Idem* que en *d)*, *e)* y *f)*.
h) 12-23	*Idem* que en *d)*, *e)*, *f)* y *g)*.
i) 13-4	Tienes razón. Por favor borra "primeras" y escribe "primas".
j) 13-8	*Idem* que en *d)*, *e)*, *f)* y *g)*.
k)	"Carrito" no es traducción de *Chariot.* Yo traduzco: corredera, trineo, vagoneta... Uso *carrito* para explicar que se trata de un aparato que recuerda tanto a las mesitas de ruedas que sirven para transportar los licores, el té y el café en las casas burguesas como a las vagonetas y correderas en las minas y fábricas. Déjalo como está. Para tu traducción, sugiero vagoneta, corredera o algo así. Carruaje no expresa la idea. Recuerda que el carrito o vagoneta transporta unas botellas de Benedictino (no pintadas).
l) 24-14	Tienes razón. Borra "abeja" y escribe "avispa".
m) 24-20	Tienes razón. *Idem* que en *i)* y *l)*. Sugiero "Máquina de soltería" o "Aparato soltero". Pero tú escogerás.
n) 24-25	Macho se justifica por machotes. Déjalo como está. O si quieres *machicos*.
ñ) 26-19	Tienes razón. Escribe "Pacotilla de vida".

Página/línea	
o) 26	Línea antepenúltima. Tienes razón. Pero deja "muele".
p) 27-15 y otras	*Idem* que en *d), e), f), g),* etc. No importa la discrepancia.
q) 27-22	*Idem* que en *d), e), f), g),* etc.
r) 35-22	*Idem* que en *d), e), f), g),* etc. Pero en lugar de subrayar, encierra entre comillas "metafísica popular".
s) 42, antepenúltima	*Idem* que en *d), e), f), g),* etc.
t) 51, línea final	Tienes razón. *Idem* que en *i), l), m), o),* etc.
u)	*Marié* no quiere decir únicamente casada o desposada sino también la prometida en el momento inmediatamente anterior al matrimonio. Exactamente como en español sólo que al revés: la novia no es sólo la prometida sino la soltera en el momento en que se va a casar. (¡Ahí viene la novia con su vestido blanco!, etc.) Es curioso: en francés la misma palabra designa a la casada y a la soltera en el momento en que se casa; en español, a la prometida y a la soltera en el momento de casarse. En todo caso, la idea de Duchamp es clara: se trata de una virgen, como se supone que la novia (la *marié*) lo es en el momento de llegar al altar.
v)	Desde el principio sugerí a Vicente Rojo la supresión de los calambures de Rose Sélavy.

Página/línea

	Pero, si tienes tiempo y humor, sería bueno que dieses unos cuantos ejemplos explicados.
w)	No sé si en la copia que tiene Rojo aparece esta corrección (p. 21, línea 18): dice "Suspendida a la ironía", debe decir: "Colgada de la ironía".
x)	Por favor, dile a Vicente Rojo que me envíe pruebas.

Querido Tomás: Gracias por todo... ¿Enviaste tu libro a Guillermo Sucre? (dirección: 29 Calle Machado, El Paraíso, Caracas, Venezuela). Me dijo que quería escribir un largo artículo... No hemos comentado lo de París: empezó como una ópera de Brecht y ha terminado (¿terminado?) como una de Offenbach... ¿Recibiste los *Topoemas?*... Me gustaría saber algo más de la revista de García Ponce...

Un abrazo,

Octavio

P. D. Tengo la sensación de que tu idea es (o era) más bien un comité *externo*: ¿cuántos y *quiénes*? En principio, prefiero un comité muy reducido, tal como lo habíamos proyectado: tú, Fuentes y yo. Naturalmente, podrían asociarse —pero sin figurar en el comité y sin poder de decisión— algunos otros que serán en realidad colaboradores fijos. Por ejemplo: García Ponce (crítica de arte) y Zaid. A mi juicio habría que pensar en tres grupos distintos: *a)* comité directivo (tres o cuatro a lo más); *b)* colaboradores fijos (mexicanos y de fuera, encargados de escribir notas y comentarios); *c)* colaboradores ocasionales (autores de textos —ficción, poema, ensayo— pero sin participar en la actividad propiamente crítica de la revista). Otra cosa: la proporción de textos originalmente escritos en español y de traducciones. Debe excluirse de este cálculo la primera sección (comentarios sobre la actualidad) escrita *únicamente* por el comité directivo y la tercera sección (antologías) constituida también únicamente por traducciones. A mi modo de ver: 60% originales en español y 40% traducciones. Si les parece excesiva la proporción de traducciones (después de todo se trata de una revista hispanoamericana), 70% y 30% respectivamente. Por último: debemos dar mayor importancia a la literatura brasileña contemporánea. *Esto es fundamental.*

Saludos.

Nueva Delhi, 29 de agosto de 1968

Querido Tomás:

Quisiera contestarte con mayor calma pero es imposible: tengo demasiadas cosas que hacer y poquísimo tiempo. Así, estas líneas son un recado: nos veremos en México a fines de octubre o principios de noviembre y entonces hablaremos de todos los temas que nos interesan. Por lo pronto: pide un presupuesto (incluyendo papel) de lo que costaría una revista de unas 192 páginas, bimensual, cinco mil ejemplares. Tú decidirás tamaño, formato, etc. A mi juicio habría que pedir dos presupuestos: uno de una revista de 192 páginas y de un formato semejante a la antigua *RML;* y otro de una revista más grande, como *Evergreen* o *Casa de las Américas,* y en ese caso sólo de 96 o 120 páginas. Asimismo, las dos alternativas: trimestral y bimensual.

No comento lo de México (apenas si tengo noticias) ni todo lo demás, por ahora.

Un abrazo,

Octavio

P. D. ¿Recibiste *Topoemas*? Todavía ignoro si al fin te entregaron mis otros libros (*Blanco,* etcétera).

Por supuesto, lo de los presupuestos debe quedar entre nosotros. Orfila está empeñado en una revista mensual y en forma de semanario. Yo también pensaba lo mismo al principio pero ahora tengo mis dudas y creo que debemos explorar todas las posibilidades...

Cambridge, Mass., 8 de febrero de 1970

Querido Tomás:

Gracias por tus líneas y por tu libro. Ya conocía la mayoría de los poemas y me alegró volver a leer algunos favoritos, desde los más bien extensos de la tercera sección ("Espita" es uno de los mejores) hasta los más cortos y a veces más intensos de la primera (sobre todo el número 13: perfecto). Hay un poema que me interesó especialmente, no por ser mejor que los otros sino por ser distinto: "Del natural". Tú deberías explorar ese camino. Cierto, ha sido un despeñadero en los últimos años. Lo atribuyo a la ignorancia y a la torpeza verbal de casi todos los que se han aventurado por esa vía. Ignorancia: sus poemas parecen malas traducciones del inglés. O sea: traducciones de traducciones —el origen está en Laforgue y en Corbière; además, se olvida con frecuencia que muchos de nuestros llamados "posmodernistas" practicaron, a veces con fortuna, el género. Torpeza verbal: para escribir en esa dirección se necesita tanto verdadera maestría como mirada, ojo crítico: dominio verbal y sesos. El ojo para ver el detalle escondido y significativo, la llaga secreta; la maestría para mostrar sin insistir demasiado. Un arte no de la fusión sino de la distancia ante el objeto —un arte crítico. Tu poema revela que tú podrías (deberías) internarte por un camino que te obligue a objetivarte —a situar al objeto y a situarte frente al objeto... No te quejes demasiado de Princeton: ¿crees que estamos en un lecho de rosas? Además, desde que llegamos me salió al paso la sombra de Luis Cernuda. Desde aquí me escribió muchas cartas y no pocos de sus poemas reflejan esta luz y sus cambios —esta belleza y esta inclemencia... Sí, yo también padezco acedia y apatía —los pecados contra el espíritu. ¿Sabes lo que se me ha ocurrido? Me defiendo con la lectura de Wordsworth —*The Prelude*. Las primeras líneas dicen: "... I grew up / Foster'd alike by beauty and by fear..." ¿No es la mejor definición de la niñez?

Saludos dobles,

Octavio

¿Qué te parece lo de México?

¿Te llegó *Conjunciones y disyunciones*?

Cambridge, Mass., 11 de abril de 1970

Querido Tomás:

Claro que los comprendo: al leer lo que me cuentas del ex marido de Elda me pareció leer mis propias historias. Es sorprendente la repetición, la *identidad* de la calumnia. El odio no tiene imaginación y la monotonía del mal es su condenación poética: aquel que odia está condenado a repetir —a repetirse. En el infierno no hay futuro. Sí, interponer tiempo y distancia entre su persecutor y ustedes es la solución más cuerda, al menos en apariencia. Digo "en apariencia" porque mi caso muestra que ni los años ni los miles de kilómetros han debilitado o desviado un odio que sigue tan fresco como el primer día —y tan decidido a saltar sobre mi cuello. Es verdad que he tenido periodos de paz pero me pregunto si no es eso precisamente lo que ha exasperado y alimentado su aversión. Quizá lo mejor sea seguir el camino del mito y, como los héroes, afrontar al dragón. Sólo que esto exige —literal, psicológica y moralmente— que el héroe sea puro, es decir, que no esté contaminado por el odio. Ese es, me parece, el verdadero significado psíquico de la invulnerabilidad de los héroes.* Y ese es, también, el verdadero problema de nuestras relaciones con el mal: está fuera pero también está en nos-

* La *inocencia*...

otros mismos. Y dicho esto, me callo: no me atrevo a darles consejo alguno (más bien estoy para recibirlos).

Tienes razón: en Europa es casi imposible que encuentres acomodo así tan de repente. De todos modos, hablaré esta semana —debo ir a Londres, el miércoles, para leer mis poemas en el ICA— con los de la Universidad de Essex y con los de London University (aquí no hay posibilidades por el momento): a lo mejor se presenta alguna vacante. Ya te comunicaré el resultado de mi gestión. No se me ocurre nada en Francia aunque la verdad es que apenas si conozco el *milieu* universitario francés: ¿por qué no le escribes a Severo Sarduy? En cuanto a los Estados Unidos (lo más asequible y lo mejor pagado): ya escribí a Rodolfo Cardona (Chairman of the Department of Spanish and Portuguese, The University of Texas at Austin, Austin, Texas, 78712) hablándole de tu caso con gran calor. Cardona es un hombre generoso, activo y que puede guiarte un poco en el laberinto universitario norteamericano. Yo le pedí que viese la posibilidad de encontrar algo para ti, ya sea en Austin o en alguna otra universidad. En Austin nosotros estuvimos *muy contentos* y creo que allí tú, además, podrías trabajar y escribir con un poco de calma. *Escríbele a Cardona: espera tu carta.* Me parece que —sin duda ya lo has hecho— deberías escribir a Jorge Guillén (te aprecia muchísimo), a Raimundo Lida y a tus antiguos amigos y compañeros españoles que son ahora profesores (y profesores influyentes) en muchas universidades. ¡Es hora de sacar raja de tu condición de español! Por último: ¿has pensado en los organismos internacionales que a veces necesitan traductores? Es un mundo que no conozco pero que quizá ofrezca ciertas posibilidades si lo exploras un poco... Tomás, ¿se te ocurre que yo debo hacer alguna otra gestión más concreta: *cómo y ante quién? Espero tus indicaciones...*

Sí, parece que *Postdata* se discute mucho aunque de todo

ese ruido a mí sólo me han llegado los relinchos y las coces de las mulas y los *caballos* de izquierda y derecha... Tus depresiones me hacen sonreír un poco: por lo visto aún no te acostumbras a ser escritor en lengua española y a publicar libros en el Valle de Anáhuac...*

Un abrazo,

Octavio

No te puedo enviar ejemplares de mis libros porque *no tengo* pero ¡están en una librería en plena Quinta Avenida que todo el mundo conoce: Rizzoli!

* Valle de Lágrimas...

Cambridge, Mass., 10 de enero de 1975

Querido Tomás:

No te preocupes: los de la Guggenheim aún no me consultan. Apenas lo hagan, responderé poniéndote por las nubes. Ojalá que tu plan consista en escribir poesía. Eso es lo esencial pero a veces los poetas inteligentes —como tú y como yo— lo olvidamos. No, no es grave que se te haya pasado avisarme que habías dado mi nombre como referencia. Lo que sí me alarma —pero no por ti sino como síntoma— es que desde hace algunos años la mayor parte de los que han dado mi nombre a la Guggenheim han omitido decírmelo. Creo que no se trata de un olvido, como en tu caso, sino de una práctica generalizada. Analizar esto me llevaría derecho a lo que dices sobre la confusión que hacen los mexicanos entre ley y autoridad. Una de las formas de la confusión sería, en el dominio de la amistad, la indistinción entre lealtad y complicidad.

Me entristece de veras saber que todavía caminas por los corredores de la traducción. Entre los tibetanos hay un cielo y un infierno para los traductores. Tú te irás al primero. Aunque no estoy tan seguro: muy bien traducir a Baudelaire, Rimbaud, Ungaretti; menos bien a Lévi-Strauss o a Jakobson; muy mal a Lacan (¿por qué y para qué?); inútil a Rachel Phillips (la estimo muchísimo, es inteligente y mis poemas son el tema de su libro pero tú tienes otras cosas qué hacer). La descripción que haces de la vida política y literaria de México —yo diría: de la moral de los mexicanos— es exacta. Mi única reserva: para describir *les moeurs* de esos reptiles, roedores y batracios, no era necesario acudir a las metáforas lingüísticas. Bastaba con un modesto manual de zoología. Sacúdete esos terminachos que se te han pegado durante estos años de *mauvaises fréquentations linguistiques et lacaniennes*. También es cierto —no hay que hacernos ilusiones— que esos males son específicos de México o, mejor dicho, que entre nosotros adquieren una tonalidad a un tiempo rabiosa y gris, sórdida y solapada, venenosa como la mirada de... (aquí puedes poner el nombre de algún "intelectual" de los que tú y yo conocemos). Hasta en España —con todo y Franco, los curas y la Guardia Civil— la vida es más respirable que en México. En España padecen una dictadura, pero nosotros nos padecemos a nosotros. No voy a repetir lo que dije hace 25 años en *El laberinto de la soledad* ni lo que escribí hace seis en *Postdata*. Pero no hay que echarle la culpa al PRI. El PRI es un resumen de México, mejor dicho, un florilegio. Tampoco es culpa del PRI que abunden más las espinas que las rosas. Los mexicanos no creen (lo que se llama *creer* y que implica vivir y practicar lo que se cree) en la ley o en las ideas no por ser nihilistas —el nihilismo es una moral— sino porque es un país desmoralizado. La *desvalorización* de todo —o su hipervaloración retórica, como en el PRI— es el resultado de una desmoralización que alcanza no sólo a los ricos y a los políticos sino también a los intelectuales. Hablas del Dogma como de una nueva influencia deformante. De los tres dogmas vivos en Occidente —el de Marx, el de Freud y el del catolicismo— me parece que te refieres al primero. El de Freud es demasiado crítico para nuestros intelectuales —empieza como una exploración del subconsciente pero debe terminar con un examen de conciencia (que es lo que más odian ellos). El dogma de Marx —o de versiones cada vez más vulgares de un pensamiento que nuestro tiempo ha convertido en una superstición ideológica, como la astrología— se ha unido ahora al dogma católico romano. (El catolicismo romano une los dos grandes espectros que desde hace *milenios* —desde Egipto y Caldea— nos asfixian a los hombres: el Emperador-Sacerdote y su doble, el Dios único. Un jefe sobre todos y un solo Dios verdadero. El comunismo es un retroceso, en cierto sentido, ya que vuelve a unir al Dios y al Jefe. Detrás de su pretensión de ateísmo está —Lenin, Mao, Stalin, etc.— la tentativa de divinización del Jefe, en vida o ya embalsamado. El comunismo —no, eso comenzó con la Revolución francesa— ha vuelto a sacralizar la política. La gran hazaña griega había sido lo contrario: hacer de la política la actividad exclusiva de los ciudadanos. En fin, me voy por los cerros de Úbeda —aunque sin desvariar. El hecho es que los antiguos dogmáticos, los católicos, ahora tratan de infiltrarse en las filas de las sectas marxistas. ¿No te parece que quieren hacer otra intentona como la fallida del siglo XVII en China, India, México y otras partes? Vampirizar a un gran Imperio como el chino o el español —fracasaron en lo primero, por fortuna, pues si no el Papa sería chino y nos bendeciría desde Pekín— equivale a lo que hoy pretenden: ser el santo espíritu —el *ghost*— de las sectas de izquierda. ¡Qué suerte la de los países hispánicos! Si triunfa el Dogma, habremos pasado de la Contrarreforma —tras el breve respiro, más bien abyecto, del siglo XIX y parte del XX— a una neocontrarreforma comunista, tal vez jesuítica y sin duda más cerrada y feroz que la otra. Fin de la digresión.) ¡Condenas al Dogma! Querido Tomás: cuando te invité a fundar conmigo *Plural,* creí que estábamos de acuerdo en dos cosas: en la necesidad de iniciar una crítica seria de la Mentira (el PRI como arquetipo de nuestra vida intelectual, literaria, personal e interpersonal) y en la necesidad de extender esa crítica al Dogma, esa enfermedad del espíritu del siglo XX que ha hecho más daño entre los intelectuales latinoamericanos que la viruela entre los indios en el siglo XVI. Cuando te fuiste de *Plural* me escribiste una carta (mejor sería no meneallo) en la que decías, más o menos, lo mismo que decían los sacristanes (no teólogos y ni siquiera inquisidores) de *Siempre!*: que la revista le hacía el juego al gobierno, que mi posición era la de Fuentes, etc. En suma, implícitamente me acusabas de "colaboracionismo" con el PRI. Los dogmáticos me atacaban (y atacan) realmente por otros motivos: por mi actitud ante el Dogma, sus métodos y su Santo Oficio. Naturalmente es más fácil desacreditar a un adversario que discutir con él. Judíos que se beben la sangre de los niños cristianos que degüellan, hordas trotskistas que sabotean el Plan Quinquenal bajo las órdenes del Estado Mayor Alemán, etc. La imputación de "colaboracionismo" con el régimen de Echeverría, fresco lo del Corpus Christi, tendía a borrar mi actitud pasada y a arrojar una duda sobre la *independencia* de mis juicios. Gran mentira, pues en aquellos días *Plural* publicaba mi carta a Gilly, *prise de position* inequívoca frente al gobierno y frente al Dogma. Ellos tenían motivos para atacarme, ¿pero tú? Pensé que al dejar *Plural* te dedicarías a defender las posiciones que, aunque de una manera un poco vaga, hacías tuyas en aquella carta. No fue así —y fue mejor así. No vi nunca tu nombre en los manifiestos y declaraciones del Dogma y de sus sectas y cofradías. Lo que sí siento es que tampoco hayas tenido mucho tiempo libre para escribir. (Esa era la segunda y muy respetable razón que me dabas para dejar *Plural*.) Bueno, han pasado los meses y los años: *Plural* no fue ni es priísta, mi posición no fue ni es la de Fuentes. ¿Ha cambiado algo? No, el ataque —solapado siempre— continúa. Ahora un ala del Dogma, la más importante, ha decidido colaborar de nuevo con el gobierno. Según parece, Zapata habla con grandes elogios de Monsiváis, amigo súbito del régimen. (¿Colabora ya en *El Sol*?) Fuentes regresa a México antes de hacerse cargo de la Embajada en Francia y será recibido por los archiprestes del Dogma con gran pompa (a no ser que la envidia sea más fuerte que la táctica). Nada ha cambiado. Yo tampoco he cambiado y procuro guardar mis distancias con el gobierno, la Mentira y el Dogma. Naturalmente, como hay cada vez más gobiernistas, más mentirosos y más dogmáticos, uno se va quedando solo...

Creo, como tú, que los males son profundos y que no los vamos a remediar. Para mí son males históricos y no empezaron, como yo creía cuando escribí *El laberinto de la soledad*, en la Conquista sino después: en nuestra malograda Independencia. Tal vez es muy tarde ya para cambiar algo. Temo que México sea un país condenado. La demografía terminará la obra empezada por los caudillos militares y los ideólogos del siglo XIX (los primeros mestizos y los segundos criollos) y por el PRI, los banqueros, los revolucionarios y los dogmáticos del XX. El único recurso que nos queda es hablar... y escribir. Dejar testamentos y testimonios sobre ese mundo infame y mezquino en que vivimos. Si tú hubieras seguido en *Plural* —mi idea era ofrecerte la codirección, de modo que estuviésemos libres al menos medio año— habrías podido combatir al PRI y al Dogma. Habrías, sobre todo, dado un poco de aire a nuestra encerrada literatura. Eres muy inteligente y es absurdo que pierdas horas y horas en esas traducciones. Hablas del silencio que te rodea. Ese silencio nos rodea a todos (a veces, como en mi caso, con sus brotes de elogios de flores de trapo que ocultan siempre pequeñas viborillas cuyo veneno no mata pero irrita). Ese silencio entre todos lo han creado. Digo *han* y no *hemos* porque en esto me siento menos responsable que ustedes. Tu libro de ensayos ha circulado poquísimo y te quejas con razón. (Por cierto: espléndido tu texto sobre Owen, con o a pesar de los terminachos lingüísticos.) Pero *Los hijos del limo,* que ha circulado bien (el editor es español y conoce su oficio), ha sido un libro sobre el que se ha hecho el silencio —salvo dos notas, una incompetente y la otra distraída, inexacta y con sus ribetes de mala intención. No se publican en nuestro país tantos libros como ese para recibirlo con tal desdén. No importa. *Poned al pabellón sonrisa.* Lo único que debemos hacer es no contagiarnos del rencor gris y del polvo y el smog de la Antigua Gran Tenochtitlán. Hay que escribir, escribir —negro sobre blanco— mientras los presidentes, los ejecutivos, los banqueros, los dogmáticos y los cerdos, echados sobre inmensos montones de basura tricolor o solamente roja, hablan, se oyen, comen, digieren, defecan y vuelven a hablar.

Esta carta resulta larguísima. Perdóname. *El que habla mucho tiene poco qué decir.* (Es un proverbio que acabo de inventar.) Llegamos a México dentro de dos o tres semanas. Ojalá que nos veamos.

Un abrazo,

Octavio

P. D. Sobre el silencio que dices (y es verdad) pesa sobre los buenos escritores mexicanos: lo único que se puede hacer frente al silencio es *hablar* —y es lo único que ustedes no han hecho. *Plural* pudo haber sido el sitio desde el cual, con autoridad e independencia, hablasen. Pero ustedes prefirieron dejarme solo. La revista existe, tiene cierta influencia en algunos círculos pero no es la revista que tú y yo queríamos. No sé si ustedes se hayan dado cuenta de que el silencio acompaña a los pocos libros de autores mexicanos que llegan al extranjero. Tú sabes que "nuestros editores", con *una* excepción, sea por incompetencia o por desgano, apenas si distribuyen en el exterior los libros mexicanos. (Por eso yo he decidido publicar fuera, en España.) En las librerías de España, América Latina y Estados Unidos, con la excepción de tres casos,* no se ven libros de escritores mexicanos. Tampoco se habla de ellos. ¿Por qué? No serán mejores que los de los argentinos, cubanos, nicaragüenses, chilenos, españoles, peruanos —de los que sí se habla— pero no son peores. ¿La desidia de nuestros editores? Sí, en parte. ¿El Dogma y su aparato de publicidad? Sí, también en parte. El Dogma nos ve con malos ojos: entre nosotros no hay un Neruda, un Carpentier, un Guillén (Nicolás) o siquiera un Cortázar. El único que había era un pintor y acabó salpicado por el lodo estalinista. No, los principales culpables del silencio que cae sobre sus libros son los mismos escritores mexicanos. *Todos o casi todos los nombres que cuentan, desde hace 25 años, han sido propuestos a la atención de los lectores mexicanos por la crítica del exterior*. Ya sea por desdén o por miedo o por cálculo, los buenos escritores mexicanos han dejado que los mediocres y los enanos lleven la voz cantante. Y la mayor parte de esa gentuza es parte del Dogma. Siempre los mediocres y los resentidos encuentran en los dogmas caretas para ocultarse y condenar a los que envidian, acusándolos de herejía. Los dogmáticos ayer se vestían con chaparreras y cananas —eran revolucionarios nacionalistas, a la Diego Rivera. Hoy se visten a la moda guerrillera y barbuda —son revolucionarios latinoamericanistas a la Guevara. El Dogma ha cambiado un poco, los dogmáticos nada y sus enemigos siguen siendo los mismos: ayer los afrancesados de *Contemporáneos*, hoy los libera-

* Los tres son autores publicados *fuera* de México.

les de *Plural*. La única diferencia es que *Contemporáneos* fue la expresión de un grupo y una generación mientras que *Plural* no es sino la voz, intermitente, de dos o tres solitarios. La reacción de ustedes ha sido *mucho menos sana*,* que la de los Contemporáneos. Pero no creas que estoy obsesionado con el Dogma. No es sino otra máscara, la última. Detrás de la máscara del Dogma está la realidad de México; mejor dicho, la irreal realidad de los grupos que dirigen la sociedad mexicana. El Dogma no es sino una de las formas que ha tomado la Mentira, la Máscara.** Con dogma o sin dogma, al son de mariachis o al de la *Internacional*, católicos y comecuras, dogmáticos y banqueros, presidentes y líderes de la oposición, obispos y doctores universitarios, estrellas de la televisión y matronas de Las Lomas y el Pedregal, todas y todos reconocen a Siqueiros y en él se reconocen. Tal para cuales.

* Y valiente y sabia.

** La función moral y psicológica del Dogma marxista hoy es semejante a la del Dogma positivista al final del Porfiriato... Con una diferencia: el positivismo no tenía Inquisición ideológica y el Dogma marxista sí. Por eso es un excelente instrumento de venganza literaria y de ahí el orden en que lo abrazan los poetastros y los literatoides.

México, D. F., 15 de junio de 1976

Lerma 143-601,
México 5, D. F.

Querido Tomás:

Doble vergüenza: contesto tarde a tus dos cartas y de prisa. Perdóname.

Ante todo: te envidio la temporada que pasas en esa región. Pasé por ella en 1938, en plena guerra, y luego en 1974, ¡cerca de cuarenta años después!, y las dos veces sentí deseos de bajarme del tren y echarme a caminar por esos montes y pueblos. La orografía escarpada pero no demasiado, los valles verdes, el mar más cerca de Valéry que de Juan Ramón Jiménez, la abundancia de ensenadas y calas con peñascos y precipicios de juguetería —y allá lejos los Pirineos y sus batallas. Bueno, cambio de tema porque estoy a punto de sacar el cuerno de caza de Roland.

Ya le pedimos a Gilman que nos envíe el texto en castellano de las citas de su ensayo (más bien medianejo, ¿no crees?). Aún no veo el artículo de tu amigo Panabière. Ya le he pedido a Pepe de la Colina que se lo pida a Marta Verduzco —¿no hubiera sido más fácil enviarlo directamente por correo? Y espero otras sugestiones y recomendaciones tuyas. No sé a qué debates se refieran tus oficiosos informantes. Ha habido varios pero en ninguno de ellos se habló siquiera de si deberías o no "seguir siendo redactor de *Plural*". Discutir eso es simplemente absurdo... Y ya que hablo de colaboraciones para la revista, ¿no podrías hacernos, para 3L, una crónica de unas ocho o diez cuartillas —o las que tú quieras— sobre la reunión de Perpignan? Y si tú no puedes hacerla, ¿no podrías pedírsela a algún otro? Gracias de antemano.

Pronto te enviaremos más textos para que los traduzcas. Pero lo que a mí, y a todos, nos gustaría más es que nos enviases textos tuyos originales. Con tu carta llegó *Cuando pienso en aquella época...* Es un fragmento admirablemente escrito, en un lenguaje a un tiempo claro y plástico, que deja ver lo que cuenta e incluso tocarlo y hasta olerlo. Pero es demasiado corto —cuatro páginas— y demasiado fragmento.

¿Por qué no añades unas páginas más? Lo ideal sería que el conjunto formase un todo. También me gustaría que nos enviases notas de actualidad y, claro está y ante todo, poemas. Por ejemplo, ese que hiciste en el tren para recibir a María la Bien Plantada (en Laroque y, supongo, en tu vida). En fin, envíanos pronto algo: el complemento de *Cuando pienso en aquella época...* y otras cosas. Es necesario que estés presente en el número de aniversario (en septiembre cumplimos cinco años).

Un abrazo grande y fuerte,

Octavio

Por correo aparte te enviaremos un cheque.

México, D. F., 17 de mayo de 1980

Paseo de la Reforma 369-104,
México 5, D. F.

Querido Tomás:

Tienes razón en quejarte por mi silencio. Perdóname. Cuando recibí tu primera carta quise contestarla inmediatamente pero por esto y aquello no pude hacerlo y así se pasaron los días y las semanas. Omito la enumeración consabida: la dispersión, el desgano, la pereza y la agitación que la acompaña, los quehaceres, los cuidados... Dicho esto, te pregunto: ¿te crees libre de culpa? Mientras estuviste en México tu actitud fue más bien esquiva, para no decir desdeñosa. Al final, ni siquiera se te ocurrió despedirte. Llegué a pensar que, sin darme cuenta, había cometido alguna falta de amistad o de atención. Pero revisé mis actos y no encontré nada serio qué reprocharme. ¿A qué o a quién atribuir este pertinaz *malentendu*? No sé. En todo caso, haré lo posible por disiparlo.

Los poemas de Meschonnic aparecerán en el próximo número de *Vuelta*. Los publico porque tú los enviaste aunque, te lo confieso, no me entusiasman. Yo quisiera más bien publicar cosas tuyas. ¿Por qué no nos envías algunos poemas? También me gustaría que nos enviases, con alguna frecuencia, crónicas de la vida literaria y política de Francia. Me atrevo a sugerirte esto sin demasiadas esperanzas: conozco tu horror a la actualidad. Sin embargo, la literatura tiene un límite que es también un fin tanto como una finalidad: el lector, los lectores. Escribimos con ellos y para ellos. Algunas de las mejores páginas de la literatura moderna fueron en su origen periodismo literario y político. Pienso en Gide y en Orwell pero también en Valéry, en Machado y en Eliot —para no hablar de Camus o de Sartre.

Para Mary y para ti el doble abrazo de Marie José y de tu amigo que te quiere,

Octavio

Supe que acabas de publicar un libro de poemas. Procuraré conseguirlo...

México, D. F., 19 de febrero de 1985

Querido Tomás:

Me alegró tener noticias tuyas. Habíamos recibido el poema de fin de año (¡gracias!) pero eran noticias del poeta, no del amigo (aunque el poeta sea también amigo y, a veces, más amigo que el amigo).

No, no podré asistir a ese congreso de historia del arte. Los temas de esas reuniones son casi siempre interesantes y, entre la gente que participa en ellas, hay personas notables pero muy pocas veces lo que allí se discute tiene que ver con lo que realmente a uno le apasiona o le preocupa, ¿no crees? Hay una conspiración (inconsciente) de las academias para impedir que los poetas digan lo que tienen qué decir. Siempre quieren *otra* cosa.

No recibí tu último libro. No es una queja: *it is a fact*. Xirau me lo prestó. Ya conocía algunas partes. No pocas veces, al leerlo, sentí esa rara sensación, a un tiempo mental y nerviosa, que produce el contacto con la verdadera poesía. De *Cantata* he leído fragmentos aquí y allá. ¿Cuándo y dónde saldrá ese libro? Hablas también de otros textos en prosa y de traducciones. ¿No podrías enviar algo para *Vuelta*? Poemas, prosa, traducciones: lo que quieras. Es verdad que no nos hemos portado muy bien contigo. Me sigue doliendo nuestro silencio ante uno de los mejores libros de poesía en nuestra lengua, entre los publicados en los últimos quince años (*Poesía, 1943-1976*, de Tomás Segovia). Asiain, que te admira y quiere, no llegó a quedar satisfecho con el ensayo que escribía sobre tu libro y, según parece, lo dejó a la mitad. Mientras lo esperábamos, el tiempo pasó. Esta omisión es uno de los pecados de *Vuelta*. Lo siento como una falta mía.

No sé qué decirte de lo que me cuentas acerca de tus dificultades materiales. Creí que tu puesto en Princeton estaba pagado regiamente. Si se te ocurre que yo puedo hacer algo, dímelo: lo haré.

Índice de nombres y de obras

Cartas a Tomás Segovia (1957-1985), de Octavio Paz
se terminó de imprimir y encuadernar
en abril de 2008 en Impresora y Encuadernadora
Progreso, S. A. de C. V. (IEPSA), Calz. San Lorenzo, 244;
09830, México, D. F. En su composicion, elaborada
por *Juliana Avendaño López y Guillermo Carmona Vargas*
en el Departamento de Integración Digital del FCE,
se usaron tipos ITC Berkeley Oldstyle Std de 16, 11:16,
y 9:13 puntos. La edición consta de 2 000 ejemplares
empastados y 3 000 en rústica.